Pius Detterbeck

Staade Zeit
Mundartgedichte und Geschichten zur Weihnachtszeit

herausgegeben von
Franziska, Roland und Wolfgang Detterbeck

Pius Detterbeck

Staade Zeit

Mundartgedichte und Geschichten zur Weihnachtszeit

SüdOst Verlag

Bibliografische Information der Deutschen Nationalbibliothek

Die Deutsche Nationalbibliothek verzeichnet diese Publikation in der Deutschen Nationalbibliografie; detaillierte bibliografische Daten sind im Internet über http://dnb.dnb.de abrufbar.
ISBN 978-3-95587-812-2

Für uns, die Battenberg Gietl Verlag GmbH mit all ihren Imprint-Verlagen, ist Nachhaltigkeit ein wichtiger Teil unserer Unternehmensphilosophie. Daher achten wir bei allen unseren Produkten auf den Einsatz umweltschonender Ressourcen und Materialien.
Dieses Buch wurde auf FSC®-zertifiziertem Papier gedruckt. FSC (Forest Stewardship Council®) ist eine nicht staatliche, gemeinnützige Organisation, die sich für die verantwortungsvolle und ökologische Nutzung der Wälder unserer Erde einsetzt.

Unsere Partnerdruckerei kann zudem für den gesamten Herstellungsprozess nachfolgende Zertifikate vorweisen:

- Zertifizierung für FOGRA PSO
- Zertifizierungssystem FSC®
- Leitlinien zur klimaneutralen Produktion (Carbon Footprint)
- Zertifizierung EcoVadis (die Methodik besteht aus 21 Kriterien in den Bereichen Umwelt, Einhaltung menschlicher Rechte und Ethik)
- Zertifikat zum Energieverbrauch aus 100 % erneuerbaren Quellen
- Teilnahme am Projekt „Grünes Unternehmen" zum Schutz von Naturressourcen und der menschlichen Gesundheit

Titelabbildung: Collage aus stock.adobe.com/
by-studio, ysuel, mozZz, Lars Johansson
Abbildungen im Innenteil:
www.freepik.com

1. Auflage 2022
ISBN 978-3-95587-812-2

www.battenberg-gietl.de

INHALTSVERZEICHNIS

Weihnachtsbrauch ⁕ *7*

Ganz heimle is all's ⁕ *9*

G'schenka ⁕ *10*

S'Weihnachtsg'schenk ⁕ *12*

Weihnacht ⁕ *13*

So is des no Brauch –
Barbarazweige ⁕ *15*

Weihnachten früher und heute ⁕ *16*

Koa Angst mehr hab'm ⁕ *18*

Grantlopa sog'ns zu eahm ⁕ *19*

S'Kindl hod a Liacht bracht ⁕ *20*

Weihnachtszeit dahoam ⁕ *21*

Heilig Abend ⁕ *22*

Ernte ⁕ *23*

Es ist schon fast so Brauch ⁕ *24*

Vorweihnachtszeit ⁕ *26*

Friedensweihnacht ⁕ *27*

Weihnachtszeit ⁕ *28*

S'Weihwasser ⁕ *29*

Drud war im Stall ⁕ *30*

A Krankheit wird kumma ⁕ *31*

S'Kind'l finna ⁕ *32*

Sche Wint'at's ⁕ *33*

So war's no Brauch ⁕ *34*

Heilig Abend en da Hoamat ⁕ *35*

Freude in der Weihnachtszeit ⁕ *36*

Da Adventskranz ⁕ *37*

Denk dro ⁕ *38*

Da Christbam ⁕ *39*

Heilig Abend ⁕ *40*

Koa Angst ⁕ *41*

Wer scho ⁕ *42*

A Milch für's Kind'l ⁕ *43*

Sad's doch wied'a guad ⁕ *44*

Was kann ich schon tun ⁕ *45*

D'Himm'lmuatta ⁕ *46*

Vo'zeih'a ⁕ *47*

Kurz vorm heilig'n Abend ⁕ *48*

Weihnachtsglaub'm ⁕ *49*

Weihnacht' ohne Schnee ⁕ *50*

Da Franzl holt an Christbam ⁕ *51*

All's gibt's ⁕ *52*

Schnee ⁕ *53*

Ohne G'schenka ⁕ *54*

S'Christbamstehl'n ⁕ *55*

Weihnachtsbräuche von früher ⁕ *56*

Heilig Abend ⁕ *59*

Hoffnung hab'm ⁕ *60*

A Kindl is kumma ⁕ *61*

Der Fremde ⁕ *62*

S'Bam hol'n ⁕ *63*

G'spürst ebs ⁕ *64*

Weihnachtszeit ⁕ *65*

Licht ⁕ *66*

Licht ⁕ *67*

S'Tannaast'l ⁕ *68*

D'Aug'n afmacha,
liab'm und g'spür'n ⁕ *69*

Wer scho ⁕ *70*

Eine Christbaumgeschichte ⁕ *71*

S'Kind'l is kumma ⁕ *72*

Da Schafkopf ⁕ *73*

S'Briaferl ⁕ *74*

Afg'ramt ⁕ *75*

Wandel ⁕ *22*

Heilig Abend ⁕ *76*

Nach Weihnacht'n ⁕ *78*

An Heilig Drei König ⁕ *79*

Du musst keine Angst
mehr haben ⁕ *80*

Heilig Drei König ⁕ *81*

Da Bam ⁕ *83*

Der Dutzel auf dem Christbaum ⁕ *84*

S'Bamsterb'm ⁕ *85*

A Liachtl ⁕ *86*

A Zeit zum Nachdenga ⁕ *87*

G'spür'n muass ma's ⁕ *88*

Oan Dog vor'm heilig'n Abend ⁕ *89*

Nix is schlecht, bis af des
wos da Mensch schlecht macht ⁕ *90*

Voller Geheimnis ⁕ *92*

S'Bäum'l ⁕ *94*

Himml'muatta – Soviel Liab ⁕ *95*

Erst d'Äst und dann an Stamm ⁕ *96*

All's ändert se af dera Welt ⁕ *97*

Da Christbam ⁕ *98*

Weihnachten ⁕ *99*

1. Advent ⁕ *100*

Für'n heilig'n Abend ⁕ *102*

Zum Nachdeng'a ⁕ *104*

Bloß g'spür'n ⁕ *106*

Kinderfreud ⁕ *107*

S'Christkind'l ⁕ *108*

S'Lumpatürl ⁕ *109*

Zwoa boa Schuah ⁕ *110*

S'Kripperl ⁕ *111*

Im Winter ⁕ *112*

WEIHNACHTSBRAUCH

Als ich noch ein kleiner Bub war, gab es zu Weihnachten noch viel Brauchtum. So schlichen wir Kinder uns in den Heustadel und holten einen Schübel Heu, den wir dann dem Christkindl an den Weg legten. Es war das Futter für das Pferd, mit dem es fuhr. Natürlich war das Heu am nächsten Tag verschwunden, denn das Pferd hatte es ja gefressen. Manchmal hörten wir auch das Glockengeläut von den Geschirren der Tiere und wir beteten, dass es auch bei uns stehen bleiben möge. Oft lurten wir heimlich zum Schlüsselloch hinein, doch der Christbaum und die Geschenke standen immer so, dass wir sie nicht sahen. Wenn dann in der guten Stube ein Glöcklein läutete, wurden wir ganz still und die Gänsehaut lief uns den Rücken hinunter, denn das Christkind war nicht vorbeigefahren. Irgendwann gab es dann das gemeinsame Abendessen, was meistens Würstchen aus der eigenen Schlachtschüssel waren, denn so war es noch Brauch, dass zu Weihnachten der Weihnachter geschlachtet wurde. Dies war eine große und schwere Sau, die meistens vier bis sechs Zentner wog. War dann das Christkind zum Fenster hinaus wieder fortgeflogen oder mit dem Schlitten weggefahren, dann stürzten wir uns über das selber gebastelte Spielzeug her. Wenn wir dann spielten, ging die Großmutter in den Stall und gab allen Tieren von den eigens hierfür gebackenen und geweihten Brotkuchen und von den Kräutern zu fressen, dabei sprach sie mit den Tieren, wobei diese die Ohren spitzten, als würden sie alles verstehen.

Mit Weihwasser spritzte sie dann noch Haus und Stall aus und verteilte den Weihrauch. An diesem Abend bekamen die Tiere auch ein besseres Futter und eine Handvoll Bruchweizen mehr. Irgendwann, es war kurz vor Mitternacht, da verschwand der Großvater im Stall. Vorsichtig und ganz leise schlich er sich hinein und horchte, über was die Tiere in der Christnacht redeten. Oft sprach er dann mit der Großmutter, doch wir Kinder erfuhren davon meistens nichts. Wenn dann die Spielsachen von uns nicht mehr beachtet wurden, verschwanden diese heimlich und der Großvater brachte sie wieder in Ordnung und versteckte sie für das nächste Jahr. Während die Eltern und die Großeltern in der Christmette waren, erzählte uns der Knecht immer Weihnachtsgeschichten, denn er musste auf den Hof aufpassen, dass nichts passierte. Der Christbaum blieb bis nach Heilig Drei König stehen und wurde dann im Garten zu dem Vogelhäuschen gestellt, wo er ihnen einen Schutz bot. Im Frühjahr deckte man dann mit seinen Ästen die frisch angesäten Gartenbeete als Vogelschutz ab. Sie hielten diese feucht und verhinderten den Vogelfraß. Nichts konnte damals die Großmutter so verärgern, als wenn die Vögel ihre Blumensamen herauspickten.

GANZ HEIMLE IS ALL'S

Staad is aitzt d'Zeit,
ganz heimle is d'Nacht,
irgendebs b'sonders
kummt über d'Nacht.

Es g'schiehgt a Wunda,
im Neb'l, en da Kält,
all's wird weiß herg'richt,
es kummt ebs en d'Welt.

Vielleicht kummt's vom Himm'l
oder vo da Erd'n,
weil all's so heimle is,
des Leb'm und des Sterb'm.

Vielleicht kummt a Eng'l
und bringt a Botschaft af d'Erd'n,
irgendebs g'schiehgt,
irgendebs duat werd'n.

Af oamol red'n d'Leut,
d'Hirt'n sog'ns a,
a Kind'l soll do sa,
a Wunda soll's sa.

Es soll d'Mensch'n rett'n,
viel Liab soll's geb'm,
es is für alle,
vom Himm'l da Seg'n.

G'SCHENKA

Es is nimma sche,
beim Eikafa en da Stod,
all's rump'lt umanand,
in Hetze und in Plog.

Dazwisch'n griagst an Rumpla,
na wirst über d'Staff'l obeg'schob'm,
da andane mit seine Koff'a,
hätt de beinah daschlog'n.

Plastikrog'ln, Tasch'n
und Pack'l schlepp'ns umanand,
sie drucka se mit eahnan Zeug,
vo Stand zu Stand.

Na langas wieda am Geldbeut'l,
ob no g'nua drinn is,
denn man woaß net genau,
ob a eahm g'stohl'n word'n is.

A ruhig's Platzerl, an Stuhl,
zum Zuaschaung, zum Studier'n,
duat ma aitzt en da Weihnachtszeit,
sowieso nirg'ns griang.

Irgendwann bist na kaputt,
zammg'schund'n net weng,
na muasst no auße,
statt Schnee is bloß Reg'n.

So wird Hast und Hetze,
an Mensch'n sei Freud,
er braucht's scho zum Leb'm
er braucht a des Leid.

Und wenn's na hoamkumma,
und d'G'schenka vo'dal'n,
na stell'ns fest,
es duat no ebs fehl'n.

So geht all's wieda vo vorn o,
de Hetze, de Plog,
es dauert ganz sche lang,
bis ma für jed'n ebs hod.

S'WEIHNACHTSG'SCHENK

»Du Zenze,« sagt da Franzl, »wos schenk ma denn heua da Großmuatta zu Weihnacht'n?« »I schenk ihr a neue Nähmaschi«, moant d'Zenze, »woaßt, do hod's na abl a Arbat und sie ko mia schöne Kleid'l und Blus'n macha«. »Ja, und i schenk ihr a neu's Fahrradl, na kos umanandrad'ln, wias will,« moant da Franzl.

Am heilig'n Abend hod d'Großmuatta ihre G'schenka o'g'schaut und is glei wieda af ihr Kamma ganga, denn ihre zwoa Enkerl war'n en da Disko. Als nach vierzehn Dog d'G'schenka abl no am selb'n Fleg stehna, do sog'ns zu ihr: »Du Großmuatta, g'fall'n da eba unsane G'schenka net, weils abl no beim Bam duat san?«

»Na, de g'fall'n ma net, Kinda, des Geld hätt's eng spoar'n kenna«. »Wos hätt'st na woll'n Großmuatta?« »Goa nix, Kinda, goa nix, bloß dahoam hätt's am heilig'n Abend sa soll'n. Wisst's, a nett's Wort, a Buss'l oder a biss'l a Drucka hätt ma viel bess'a g'fall'n als engane G'schenka.

Aba es kennt's es halt net anderst. Wisst's Kinda, a nett's Wort, bloß a so oder a Buss'l is für uns alt'n Leut viel mehr wert als alle G'schenka mitanand. Aba des merkt's erst, wenn's a ra'mol so alt sat's wia i!«

WEIHNACHT

G'spürts es
de b'sondane Zeit,
sie macht uns Mensch'n,
im Herzerl a Freud.

B'sonders en da Nacht,
wenn d'Kält'n obadruckt,
wenn da Mond so kalt herschaut,
als gabs nur Geister und Spuk.

So heimle is aitzt d'Nacht,
so staad, fast ohne Leb'm,
en so a staad'n Nacht,
is a Wunda g'schehng.

A Kindl is af d'Welt kumma,
für uns Mensch'n ganz oam,
en da Kripp'n is g'leg'n,
en an Stall is gebor'n.

Af Heu und af Strouh,
is omat g'leg'n,
nix hab'ms b'sess'n,
als vom Herrgott an Seg'n.

Mim G'wand hab'ms es zuadeckt,
sich umeg'husch'lt für d'Wärm,
für uns is des all's g'schehng,
wenn mir a'mol sterb'm.

SO IS DES NO BRAUCH – BARBARAZWEIGE

Sehr lange ist es schon Brauch, dass man am Tag der heiligen Barbara, am vierten Dezember, die Barbarazweige schneidet. Am besten eignen sich hierfür die Zweige der Frühkirsche. Aber auch alle anderen Frühblütler, wie Goldregen, Zierkirsche, Mandelstrauch, Palmkätzchen und viele andere. Da diese Frühblütler Frostkeimer sind, ist es notwendig, dass sie schon einmal richtig gefroren waren. Gab es noch keinen Frost, so lege die geschnittenen Zweige über Nacht in die Gefriertruhe. Danach erwärmt man sie einen Tag lang im lauwarmen Wasser, in das man sie hineinlegt, um sie dann in der Vase mit Wasser in der warmen Stube in die Nähe des Fensters zu stellen.

Mit viel Liebe und Pflege hat man dann am heiligen Abend für etwa vier Wochen einen schönen Frühlingsstrauch in der Wohnung.

Zweigerl san Leb'm,
wennst as o'schneid'ts, zuckas zamm,
denn du host as afg'weckt,
zu a Zeit, des net g'wohnt san.
Gibst eahna a warm's Wassa,
duast as pfleg'n und recht liab'm,
wos moanst, wias na am heilig'n Abend
en da Wohnung sche blüahn.
Duas a ra mol o'langa,
und a Wört'l mit eahna red'n,
des nennt ma bei de Zweigerl,
s'Liab'm und a s'Pfleg'n.

WEIHNACHTEN FRÜHER UND HEUTE

Sche g'feiert hab'ms
des Weihnachtsfest,
sie hab'm net viel g'habt,
doch all's war recht.

Grad glücklich war'ns
und no z'fried'n,
mit da Pupp'nküch
und an kloana Schlitt'n.

D'Eltern hab'm se no
a Busserl geb'm,
des war eahna Glück,
des war a Seg'n.

Des Muatterl, des daneb'm hod g'wohnt,
aloa und scho recht alt,
hab'ms zum Weihnachtsfest'l,
ano umeg'holt.

Man hod durch d'Wänd,
no umeg'hört und g'schaut,
beides hod's no geb'm,
d'rum hod a s'Fest wos taugt.

Doch heut is des all's anderst word'n,
grod drunga wird und g'ess'n,
de Wohlstandsg'schenka firag'holt,
de koa Jahr werd'n vo'gess'n.

Doch für nermad san d'Wänd viel z'dick,
man ko net umehör'n und schaung,
und bloß Gedank'n umeschicka,
duat heut a nix taug'n.

So hört ma heut des Klopfa net,
sehng net den Mensch aloa,
der se so vo'lass'n fühlt,
sei Herz wird wia a Stoa.

Kannt ma doch de Mensch'n drah'n,
wind'n eahna Herz,
dat'ns bloß wieda bessa sehng,
war glei viel wenga Schmerz.

KOA ANGST MEHR HAB'M

Nimma lang dauert's
na is wieda soweit,
g'spürts es im Herzerl,
g'spürts es de Freud!

A Kind' soll kumma
und rett'n unsa Leb'm,
es soll s'Türl afmacha,
dass ma en Himm'l einesehng.

Na soll all's leichta sa,
man braucht bloß an Kindl nacheleb'm,
viel Liab hab'm und Hoffnung,
na derf ma's daleb'm.

Du brauchst de nimma fürcht'n,
koa Angst mehr hab'm vorm Doud,
denn s'Kindl hod nan überwund'n,
en da allergrößt'n Nout.

Es hod uns an Weg zoagt,
dass no ebs do is af dera Welt,
es hod se für uns arma Mensch'n,
ans Kreuz oneg'stellt.

GRANTLOPA SOG'NS ZU EAHM

Da Grantlopa hockt am heilig'n Abend am Kachlofa af da Bänk und schaut af sein Christbam. Fünf Jahr is scho her, wou sei liabe Frau fortganga is. Ganz selt'n siehgt a d'Dorfleut, denn er wohnt en Armenhäusl außerhalb vom Dorf. Bloß zum Eikafa geht a machmal obe. Wia a grad an sei liabe und guade Frau z'ruckdenkt, sieght a durchs Fenst'a a boa junge Leut af sei Häus'l zuakumma. De werd'n doch net heut am heilig'n Abend zu mir kumma, moant a zu sich selber, wias scho an d'Tür oneschlagt. Wia a d'Tür afmacht, sagt a jungs Deand'l zu eahm: »Grüaßte Grantlopa, derf ma eine, mir woll'n mit dir a biss'l Weihnacht'n feiern. Mir san vo de Pfadfinda. Mett'nwürst, a Brout und ebs z'Dringa hab'm ma dabei!« Da Grantlopa is so überrascht, dass a sagt: »Naja, na gehts no eina, herinn is sche warm!«

Wias na beianandahocka und über all's red'n merkt a, dass de junga Leut goanet so vo'kehrt san. Wia eahm na beim Red'n a jungs Madl no a biss'l über d'Händ streich'lt und sagt: »Siehgst as, Grantlopa, mir woll'n da bloß a biss'l a Freud macha.« Do lafa eahm beinah Träna obe, denn seit fünf Jahr war's scho nimma so sche. Seine Gedank'n san aitzt bei seina selig'n Frau, de eahm so viel Liab geb'm hod, des Streich'ln hods a so kenna und so viel Wärm hod's eahm geb'm, er hod scho vo'gess'n g'habt, dass so ebs schön's no gibt. Do muass eahm erst a jungs Deandl über d'Händ streich'ln, dass a wied'a siehgt, dass so ebs no gibt. Wias na min Ess'n, Dringa und Vo'zähl'n recht spät word'n is, macha se de junga Leut wied'a am Hoamweg, sie hab'm a Freud g'habt, weils an Grantlopa g'fall'n hod und im neua Jahr hat man glei öft'a en Dörf'l unt'n g'sehng.

S'KINDL HOD A LIACHT BRACHT

Staad is draußt word'n,
koa Wacherl waht,
all's suacht se an Schutz,
weil's an Schnee umananddraht.

Man moant,
koa Leb'm duat's mehr geb'm,
doch s'Leb'm kummt erst,
min Kind'l sei'm Seg'n.

Es bringt uns d'Hoffnung,
wenn's en Kripperl duat lieg'n
und all's af dera Welt,
hod glei an Sinn.

Es macht goa nix,
dass arm is und nix hod,
denn es schenkt uns Mensch'n,
s'Leb'm nach'm Doud.

A jed'a vo uns,
wird des amol dafahr'n
de Liab vom Kind'l
und des is koa Schmarr'n.

Doch an jed'n vo uns is,
de Liab net geb'm,
aba s'Kind'l und sei Muatta,
liab'm a jed's Mensch'nleb'm.

WEIHNACHTSZEIT DAHOAM

A Gang'l en da Hoamat,
en da Weihnachtszeit geh,
all's o'schaung und bewund'an,
des find i so sche.

All de Christbamliacht'ln,
en da Weihnachtszeit,
druck'a en mei Herzerl
es macht mia a Freud.

Und dann nach mein Gang'l,
en mei warme Stub'm einegeh,
de Liacht'l am Adventskranz zuaschaung,
des is halt so sche.

Do ko i na mit de Gedank'n schweif'a,
nachdenga, wos guad war, wos schlecht,
vielleicht ko es a mach'a,
dass wied'a all's recht.

HEILIG ABEND

Wer heut nix g'spürt,
am heilig Abend,
der is koa Mensch,
der is vo'dorb'm.

Wer heut nix sehgt,
an Fried'n net will,
der is koa Mensch,
wia Gott des will.

Wer heut koa G'fühl hod,
koa Liab im Herz,
der g'spürt a heut
koan Weihnachtsschmerz.

Wer heut net vo'zeiha ko,
vo'geb'm a Schuld,
wer heut net hilft,
mit viel Geduld,
der is koa Mensch
für d'Weihnachtszeit,
der lebt im Herz
bloß no mit Leid.

ERNTE

Wia sche is doch,
wenn alte Leut kumma zamm,
denn a jed's woaß
dass ma bald Weihnacht'n hab'm.

Alte Leut san de Frucht,
de se da Herrgott o'g'sat,
sche langsam wird a ernt'n,
oan nach'm andern sche staad.

Er hod sein Buab'm abag'schickt,
zum Zoag'n, wia des mit da Ernte geht,
für jed'n kummt a'mol de Zeit,
wou a vorm Himm'ltürl steht.

Na is ganz wichtig,
dei Arbat host do
und viel Liab host im Herz,
dass da ja net davo.

Denn dei Liab braucht da Herrgott
und a guade Seel,
na brauchst de net fürcht'n
und geht's no so schnell.

ES IST SCHON FAST SO BRAUCH

Eine Woche vor dem heiligen Abend ging ein Obertraublinger nach Oberhinkofen in das Frauenholz, welches zur Pfarrei Obertraubling gehörte, um einen Christbaum zu holen. Als er im Dickicht endlich ein schönes Bäumlein ausgesucht hatte, holte er aus seiner Jacke eine kleine Säge hervor und schnitt es ab. Doch kaum war er damit fertig, hörte er das Brechen eines Astes. Schnell verdeckte er mit den Tannennadeln die frischen Sägespäne und versteckte sich im Dickicht. Nur das Rauschen des Waldes hörte man jetzt und die vorbeigehenden Schritte. Als er nichts mehr hörte, schlich er sich wieder zu seinem abgeschnittenen Christbaum, um ihn zu holen. Doch er war weg. So blieb ihm also nichts anderes übrig, als sich ein neues Bäumlein zu suchen.

Wahrscheinlich war es der Förster, meinte er und freute sich auf seinem Heimweg, dass ihn dieser bei der Dunkelheit nicht gesehen hatte. Als er am nächsten Tag seinen Nachbarn am Zaun traf, fragte dieser, ob er schon einen Christbaum habe? »Selbstverständlich«, war seine Antwort. »Naja«, meinte dieser, »i hob man gestern af d'Nacht en Frau'aholz ob'm g'holt und stell da vor, wia en Dickicht dahischleich steht für mi plötzlich a schön's und abg'schni'ns Bäuml do, des ko'st da ja denga, dass i damit glei wied'a vo'schwund'n war«. Jetzt wusste er auch, wer ihm gestern Abend sein Bäumlein mitgenommen hatte und er dachte, der Jäger war es, doch davon erzählte er nichts. Es war auch beinahe so Brauch, dass er diesen Diebstahl jedes Jahr dem Obertraublinger Pfarrer beichtete und so geschah es: Als er ein paar Tage vor dem heiligen Abend im Beichtstuhl kniete sagte er: »Ich habe gestohlen«! Der Pfarrer antwortete: »Wieder einen Christbaum bei mir im Frauenholz?« »Ja, Herr Pfarrer.« »Naja, du kennst de ja scho aus, aitzt bet'st sieb'm Vaterunser als Buße und en Frühjahr treff ma uns wieder im Acker vorm Frauenholz und dort setzt wieder zehn neue kloane Bäum'l, des da wieda beim Förster in Burgweintinger Wald ob'm holst und natürlich a zahlst«! So wurde der Waldfleck am Frauenholz immer größer, denn er wusste nicht, dass es noch einige Obertraublinger so machten wie er. Auf diese Art und Weise wurde der kleine Acker am Frauenholz von Christbaumstehlern angepflanzt, so dass eine junge Schonung entstand. Irgendwann wurde dann das Baumstehlen unter Strafe gestellt. Heute sind es große Waldbäume, die zum Frauenholz gehören.

VORWEIHNACHTSZEIT

G'spürts es,
irgendebs passiert,
all's is so geheimnisvoll.
D'Mensch'n rump'ln umanand,
überall,
af da ganz'n Welt,
all's wird so sche herg'richt,
a jeda will no G'schenka kafa,
all's hört s'Arban af,
macht Urlaub,
wart mit Liab,
mit Sehnsucht,
vo'suacht ebs Guad's z'do,
richt dahoam all's no sche her,
holt se an Christbam,
schmückt an Bam,
all's wird so staad,
so voller Geheimnis,
so weiß,
man g'spürts abl mehr,
dass ebs passiert,
dass a Liacht kummt,
dass as Leb'm kummt,
dass d'Hoffnung kummt,
dass ma net a'loa san,
wo'st a gehst,
is des Geheimnis, des G'fühl,
en da warma Stub'm,
am Dog,
en da Nacht,
en da Natur,
im Herz,
für's Leb'm,
sogar nach'n Leb'm zum Leb'm,
bei dene, de no leb'm.

FRIEDENSWEIHNACHT

Der erste heilige Abend nach dem Krieg war ein Montag im Jahr 1945. Der Krieg war aus und es gab kaum ein Haus oder Heim, das an den Kriegsfolgen nicht in Mitleidenschaft gezogen war. Im April 1945 wurde die Stadt Regensburg kampflos übergeben, was wahrscheinlich das größte Unglück verhinderte. Viele Menschen feierten 1945 den heiligen Abend in Armut, Not und Elend. In manche Familie kehrte jedoch der Vater oder Sohn aus der Gefangenschaft heim, welches das schönste Weihnachtsfest der Liebe war. Es wurden damals schon kleine Weihnachtsfeiern veranstaltet, in der sogar Kinder von den Amerikanern beschenkt wurden. Viele teilten ihre Militärration mit ihnen und gaben ein Stück Schokolade davon ab. Viele Schicksale konnten erst in jahrelanger Kleinarbeit aufgeklärt werden. Der Schwarzhandel blühte immer mehr, wogegen die Amerikaner einschreiten mussten. Die ersten Hamsterer waren unterwegs und so mancher versuchte damals schon, sich auf Kosten der Armen zu bereichern. Auch Lebensmittelkarten wurden von den Behörden verteilt und das wenig Vorhandene auf die Bevölkerung aufgeteilt. Immer wieder wurden Menschen für Nazi-Verbrechen verhaftet und für etwaige Verbrechen vor Gericht gestellt. Doch langsam aber sicher wurde die Zeit besser. Schon einige Jahre danach gab es zu Weihnachten wieder etwas Mehl und viele andere Dinge und man konnte schon Weihnachtsplätzchen backen. Freude zog wieder in die Menschenherzen ein und so manche Familie bekam ihren Angehörigen aus der Gefangenschaft wieder zurück. Wenn man überlegt, in welchem Wohlstand wir heute feiern, dann muss man sich fragen, ob dies recht ist.

WEIHNACHTSZEIT

Es is scho a b'sondane Zeit,
de schöne, liabe Weihnachtszeit,
Staad, b'sinnlich und sche,
zum Nachdenga,
zum Liab'm,
zum Glaub'm,
zum Bet'n,
zum Hoffa,
zum Helfa,
zum Schenga,
zum Wied'ageb'm,
zum Vo'zähl'n,
zum Zammhocka,
zum Freud macha,
zum Umkehr'n,
zum Vo'zeih'a,
all's en da staad'n Zeit,
en da Weihnachtszeit,
all's für's Kindl,
für'n Mensch'n,
für d'Seel,
für s'Leb'm nach'n Leb'm.

S'WEIHWASSER

Es war einmal eine Bäuerin, die benötigte zum Besprengen von Haus, Hof und Stall immer viel Weihwasser, sodass sie es selber machte. Als der Dorfpfarrer dies erfuhr, besuchte er sie und fragte, ob dies auch wahr wäre und wie sie das Weihwasser mache?

Sie sagte dann zum Pfarrer:

»Ja Herr Pfarra, i mach ma mei Weihwassa scho selber, denn so viel, wia i zum Besprenga brauch, ko i aus da Kircha net hol'n, denn sonst bleibat ja für de andan nimma viel übrig. I hol ma a Flasch'n voll Heilig Drei König Wassa aus da Kircha und schütt's dann en an Küb'l voll frisch'n Quellwassa, sodass' ma langt. Wiss'ns Herr Pfarra, des Heilig Drei König Wassa is ja b'sonders guad und wirkt viel mehr als des andane.«

Der Pfarrer lächelte hierzu und meinte: »Na ja, wenn das so ist, dann hab ich nichts dagegen.«

DRUD WAR IM STALL

Als sich der Wastl um Mitternacht am heiligen Abend in den Stall schleicht, da hört er die Tiere gerade reden. Schnell erreicht er seinen Platz unter dem Futtertrog, ohne dass sie etwas bemerken, denn sie redeten weiter. Er horcht auf und hört heraus, dass es den Pferden gar nicht gut geht, denn die Drud war am heiligen Abend schon im Stall. Doch plötzlich war es wieder still. Sofort schleicht er sich hinaus und geht dann ganz normal mit einer brennenden Laterne wieder hinein, denn sie durften ja nicht merken, dass er vorher schon drinnen war. Gleich geht er zu den zwei Pferden und da erschrickt er furchtbar. Hab'ms doch recht g'habt, denkt er sich und holt sofort die Bäuerin und den Knecht. Die Pferde standen in Schweiß gebadet und zitternd in ihrer Box, denn die Mähne und der Schwanz waren so streng und so klein geflochten, dass sie sehr große Schmerzen aushalten mussten. Schnell begannen sie mit dem Entflechten der Pferdehaare und es dauerte eine ganze Stunde, bis sie fertig waren. Jetzt mussten sie die Tiere noch trocken reiben, denn sie waren von Schweiß gebadet. »Gott sei Dank«, sagt der Wastl zur Bäuerin, »hob i heuer wieder g'horcht, denn d'Ochs'n hab'm d'rüber g'red't, dass d'Drud im Stall war, wer woaß, wos no all's passiert war.«

A KRANKHEIT WIRD KUMMA

A ganze Stund liegt da Wastl scho unt'an Fuattatrog und horcht af's Red'n vo seine Küah. Endlich schlagt d'Kirchauhr Mitternacht und er ko's vo lauter Aufregung scho bald nimma aushalt'n. Plötzlich wird's im Stall meiserl staad. Nix mehr rührt se, wack'lt, ja er glaubt, d'Viecha hab'm sogar s'Schnauf'a afg'hört. Af oamol fangas s'Red'n o und es wird so viel g'schmatzt, dass a beinah nix vo'steht, bis af oamol de oa Kuah neb'a eahm sagt: »D'Maul und Klau'aseuch griang ma nächst's Jahr en Stall eina. Da Viechhandler, da Hint'ahuaba schleppt's uns eina und alle werd'n ma krank. A boa vo uns werd'n sogar sterb'm müass'n.« So plötzlich, wia af oamol s'Red'n o'g'fangt hod, war's na wied'a vo'bei. Da Wastl schleicht se auße und überlegt, wiara de Krankheit vo'hindan kannt. Ja, denkt a se, a so mach es. I lass nan net en Stall ei, na kummt a de Krankheit net ei. Da Viechhandler hod se g'wundert, dass nan da Wastl, wiara eahm a Stück'l Viech bringt, net en Stall ei'lasst. »Aba naja, muasst halt s'Kaib'l selber ei'do«, sagt a zu eahm. Doch dass a grod min Kalb d'Krankheit ei'schleppt, af des is a net kumm'a und er hod abl g'moant, da Viechhandler bringts eahm.

Bald san na seine Viecha krank word'n und es hod a halb's Jahr dauert, bis de Seuche besiegt war.

S'KIND'L FINNA

Kannt euch d'Liab schenga,
wia s'Kind'l des ko,
i dat's außesinga
o mei war i froh.

Doch s'Liab'm muass ma lerna
und glaub'm an s'heilig Kind,
do braucht ma goanet schwärma
d'Hauptsach, dass ma's find't.

Und host as na g'funna
und g'spürst a de Freud,
glei is all's leichta
sogar wenn a Leid.

Bloß glaub'm muass ma dro
und a biss'l ebs g'spür'n,
na freut se dei Herz
und duat's a recht blüah'n.

SCHE WINTAT'S

Aitzt en Winta,
fuattat i d'Vögel alle Dog,
denn all's is ganz g'starrat,
des lindert de Plog.

D'Nacht is so lang,
do ko ma all's richt'n dahoam,
denn draußt en Gart'n,
do hod's all's recht g'fror'n.

I richt an Rasenmäher,
a ra neu's Öl eine do,
dua s'Mess'a schleifa,
all's wos i halt so ko.

I glaub d'Äpf'l durch,
de schlecht'n dua i
de Vogerl geb'm,
Blumenkäst'n feucht halt'n,
dass überleb'm.

Oft hock i af mein Kanapee,
dua schreib'm und studier'n
und manchmol dua i sogar,
a schön's Gedichterl zammgriang.

Wenn na s'Platz'lbacha o'geht,
is Weihnacht nimma weit,
i dua mi d'raf freua,
es macht mia a Freud.

So is des im Winta,
all's so heimle, so sche,
wenn na da heilig Abend do is,
dua i erst all's richtig vo'steh.

SO WAR'S NO BRAUCH

Alle Jahr zua Weihnachtszeit freut se da Wastl b'sonders af s'Red'n vo seine Ochs'n und Küah. Dazua geht a am Abend mit an kloan Christbäuml und brennende Kerz'n en Stall ei. Er beobacht na de glänzend'n Aug'n vo seine Viech'a und moant, dass a ra Freud hab'm, weil Weihnacht'n is. Erst entsteht a morts Unruah, doch na san's wieda staad und er schenkt jed'n Stückl Viech a Breckl g'weicht's Brout, a Brise Salz und Kräuter. Dazua derfa eahm d'Viecha sogar aus da Hand fress'n. Durch de Gab stimmt a alle Viecha guad, dass d'Küah viel Milch geb'm, d'Rössa fest ziang, koa Viech krank wird, a g'sund's Jungvieh nachkummt und all's Unheil fern g'halt'n wird. Wenn na im Stall all's vo'sorgt is, geht a en de guade Stub'm und feiert mit seina Familie an heilig'n Abend. Um zehne gehnga na alle, bis af d'Hofwach, en d'Christmett'n. D' Hofwach muass afpass'n, dass während da Mett'n am Hof nix passiert.

Kurz vor Mitternacht schleicht se da Wastl nomol en Stall ei, vo'steckt se und horcht, wos seine Viech'a all's schmatz'n. Oft hört a ra ebs auß'a, wos so all's passiert, wonach a ra so manch's Unglück vo'hindern ko.

HEILIG ABEND EN DA HOAMAT

Wia i am heilig'n Abend
durch mei Hoamat gang'a bi,
do ho i koan Mensch'n g'sehng,
denn en jed'n Haus
is s'Christkind'l drinn g'wen.

D'Liacht'ln hab'm g'leucht,
en de stille Nacht,
ganz staad war all's,
grod s'wia wenn all's schlaft.

Doch drinn en de Häus'l,
wou s'kloa Kind'l s'erst Mol
an Christbam duat sehng,
do hör i an Seufzera
weil des Wunda is g'schehng.

Do ko'st d'Liab
heut no da'leb'm,
mit unsane Kinda
duat des no g'schehng.

Aba en da Nacht zu da Mett'n
do rührt se wied'a wos,
vo überall kumm'a d'Leut,
sie feiern des Kind'l en da Kripp'n
man g'spürt a de Freud.

FREUDE IN DER WEIHNACHTSZEIT

Weihnacht, Weihnacht,
schöne Zeit,
wie sich doch
mein Herzerl freut.

Glück und Liebe
sind jetzt da,
das Kindlein gar
so wunderbar.

Ich möcht's doch legen
in mein Herz,
verspüren jetzt
den schönen Schmerz.

Die Lichtlein brennen,
der Freude Schein,
leuchten jetzt
in meinem Heim.

Verdrängte ich den Schmerz,
das Kind,
o Muttergottes
wie wär ich blind.

So lasst es leben
auf ewig mein,
leg es für immer
in mein Herz hinein.

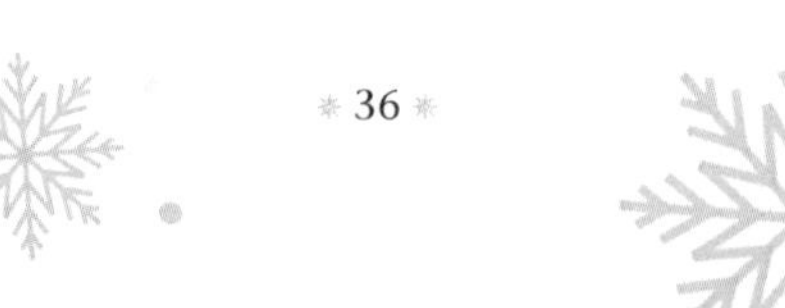

DA ADVENTSKRANZ

An schöna Adventskranz hod an Xaverl sei Muatta am guadn Tisch steh. Da Xaverl hockt duat und schaut af d'Kerz'n und af d'Nad'ln. »Du Muatta, du Muatta«, moant a aitzt, »da Kranz hod so viel Tannanad'ln dro, woaßt du wia viel des san.« »O mei, Xaverl,« sagt's, »do san ja so viel dro, dass ma's goa net zähl'n ko«.
Er fangt trotzdem s'Zähl'n o, doch er vo'duat se ab'l wieda. hod d'Muatta doch recht, dass ma's net zähl'n ko, denkt a se. Wia na d'Muatta nachmittag zum Eikafa geht, hockt da Xaverl wieda am Adventskranz duat und fangt nomol s'Zähl'n o. Doch er kummt wieda durchananda und d'rum reißt a oa Nad'l nach da andan aba, denn er will ja wiss'n, wia viel des san.
Er hod an Kranz ganz z'legt, und wia d'Muatta hoam kummt, daschrickt's recht, weil da Adventskranz ohne Nad'ln am Tisch ob'm is. »Um Gott'swill'n, Xaverl,« sagt's, »wos is an min Adventskranz passiert«. »Nix Muatta, nix, i ho bloß d'Nad'ln zählt.« »Ja, und wia viel san's na, Xaverl?«. »I woaß nimma Muatta, 10 oder 20 Tausend moan i.« »Geh Bua, so weit ko'st a du doch goa net zähl'n.« Naja, d'Muatta hod se nomol an Kranz kaft und hod zum Xaverl g'sagt: »Gell, dass't ma fei ja nimma s'Zähl'n o'fangst!«.

DENK DRO

Bist scho wied'a g'sund,
geht's da scho guad,
host vo'gess'n,
dass't a ra Hilf braucht host.
Aba andane helfa,
aitzt en da Weihnachtszeit,
des macht da wohl goa koa Freud,
des fallt da net ei.
Moanst es kummt nix mehr über di,
du host as doch,
kannst doch dal'n,
a Freud mach'a,
Glück bring'a,
so viel,
so oft,
nia z'weng,
am heilig'n Abend,
all's für's Kind'l,
für di selba,
irgendwann kummt all's z'ruck,
g'wiss,
bloß wia,
des host selba en da Hand.

DA CHRISTBAM

A alt's Muatterl lebt scho lang aloa und i sehg koa Jahr am heilig'n Abend bei ihr an Christbam. Sie hod zwar selba gnua junge und schöne Bäum'l im Gart'n, aber o'schneid'n duat's koan. Außa am Bäum'l vorm Kuch'lfenst'a, do hängt jed's Jahr a Christbambeleuchtung dro, de ab und zu brennt. Wia es a'mol wieda sehg, do frag es, warum sie nia an Christbam macht, do sagt's zu mir: »Schau, wenn i a Bäum'l abschneid, na muass des sterb'm und des hod doch unser Herrgott wachs'n lass'n und net i.« I ho läch'ln müass'n und hab's g'fragt, ob sie koane Bleamerl abschneid oder s'G'müas aus'm Gart'n holt. »Doch,« sagt's, »des wachst ja für uns.« »Sehgst Muatterl,« sag i draf, »und so is a mit de Bam«. »Naja«, sagt's, »naja«, und schaut af ihre schön'a Tannabäum'l.

Sie reuas halt, denk a ma, und so ho ihr na alle Jahr a Bäum'l mitbracht. Wenn i na am heilig'n Abend vo ihr'n Kammafensta vo'beiganga bi, na hod da Vorhang g'wach'lt, denn sie hod g'wusst, dass i nachschau und d'rum hod's na s'Bäum'l abl an's Fensta hi'g'stellt, doch dass i a'mol einekumma soll, des hod's nia g'sagt. Ihr Freud war halt des Geheimnis, dass i net g'wisst ho, wia da Bam herg'richt is oder hätt i doch a'mol o'klopfa soll'n?

HEILIG ABEND

Am heilig'n Abend bi i durch mei Hoamat ganga,
ho g'schaut, wos all's duat geb'm,
überall de schön'a Christbam brenna,
oh Hoamat wia bist du sche.

So staad is all's, i bi ganz aloa,
en de Häus'l drinn is s'Leb'm,
aitzt duat grod s'Christkind kemma,
a so duat des fei g'schehng.

Ganz hell is heraust,
da Mond leucht ei en Schnee,
a Hund bellt grod aus an Hof,
is an des net sche.

Ganz heimle is aitzt d'Nacht,
d'Bam ganz voller Schnee,
d'Äst druckt's bis am Bod'n,
i glaub es duat eahna weh.

Dort wohnt a alte Frau,
sie is aitzt g'wiss aloa,
a schöna Christbam leucht außa,
vielleicht dass aitzt grod woant.

Doch i geh hoam
und nimm ma dafür koa Zeit,
warum geh i net zum Muatterl ei,
vielleicht hätt's a rechte Freud.

KOA ANGST

Es gibt Mensch'n,
de suacha eahna Leb'm lang d'Liab
und finna's net.
Es gibt aba ra oa,
de suach'a erst goa net,
weil's es net kenna,
doch g'spür'n de Liab, des Glück,
des war scho recht.
Net sehng, o'schaung und o'langa,
naa, bloß g'spür'n, de Liab
vo da Muatta, vom Kind'l
und für d'Ewigkeit koa Angst
mehr hab'm müass'n,
des is a Finna.

WER SCHO

Gehst du zum Muatterl
und redst mit ihr,
hilfst ihr und fragst as obs wos braucht?
Wer traut se?
Wer nimmt se Zeit?
Dir geht's guad.
Wer gibt an Krank'n Kraft
und macht eahm Muat?
Wer hilft dem Kind'l,
unschuldig und hilflos wia's no is?
Wer hod dem heilig'n Kind'l g'holfa,
wenn net d'Muatta?
Wer hod's afs Strouh g'legt und zuadeckt
und eahm ebs z'Ess'n geb'm?
Wer hod no an Glaub'm
und d'Liab zum Kind'l,
d'Hoffnung, wer scho?

A MILCH FÜR'S KIND'L

»Muatta, Muatta«, schreit da kloa Franzl, »da Nikolaus is en unsan Stall ei«. »Geh Vata«, sagts, »schau a'mol nach, wos do lous is«. Da Bauer schleicht se en Stall ei, doch er sehgt nix, hört aba ebs, als tät wer a Kuah zeil'n. Wia ra näher hi kummt, sehgt a an Nikolaus beim Zeidl'n an da Kuah dort hocka. Der daschrickt furchtbar wia ra an Bauern sehgt, rump'lt af d'Höh und rennt min Milchküb'l davo. Als da Nig'lo hoamkummt, schütt a sein halb'n Liter Milch en a Haferl ei und geht zu da Nachbarin ume. Der gibt a d'Milch und bis de mitgriagt, wos do passiert, is a scho wieda fort. Net a'mol Danksche hod's mehr sog'n kenna, wo's doch aitzt en der schlecht'n Zeit a Milch für ihr kloans Butzerl griagt hod. Wia se da Nig'lo dahoam ausziagt, sagt af oamol oana hint'a eahm. »Na Xare, de Milch brauchst doch net für di. Also für wen holst du als Nig'lo bei mir a Milch?« Der daschrickt erstmol recht, doch na sagt a eahm all's und ab sofort hod se de oame Frau jed'n Dog um ra sonst an Liter Milch hol'n derfa. Doch wer da Nig'lo war, des hod's nia erfahr'n.

SAD'S DOCH WIEDA GUAD

Geh, sad's doch wieda guad,
gebt's euch bitt'sche d'Händ,
wou doch d'Zeit eh so schnell umerennt.

Dat's eng net weh
und dat's eng vo'trog'n,
heut am heilig'n Abend,
soll koana klog'n.

Stellt's enga Liab vor'n dro,
denkt's an s'Jesuskind,
des extra zu uns
af d'Erd'n abakimmt.

Lasst's d'Liab ens Herz ei
und dat's es weidageb'm,
des is as Glück,
des is da Seg'n.

S'Kind'l is af d'Welt kumma,
is ganga unsan Weg,
all's für uns,
dass ma's vo'steht.

Es hod uns zoagt,
mir san net alloa,
d'rum glaub a biss'l dro,
sonst wirst wia ra Stoa.

WAS KANN ICH SCHON TUN

Wie lieb ich doch meine Heimat,
bestaune Leben und Natur,
könnt ich schöpferisch nur wirken,
was brächt ich alles hervor.

Ob es wohl gut wäre,
ob Eigennutz dabei,
wer kann es schon wissen,
mit der Schöpferei.

Wie lieb ich doch Geschaffenes,
ob es gut ist und schön.
Doch wer bestimmt dies,
bloß weil es mein Auge gesehen?

Wer bestimmt, ob es recht ist,
mein Geist und mein Herz,
weil es mir gefiel,
für wen ist es Schmerz?

Was kann ich schon tun,
Gottesliebe fühlen und nicht zu hassen,
Menschen sind so verschieden,
sie greifen zu den Waffen.

Was kann ich also tun und lassen,
zu lieben und zu hassen,
den Menschen oben anstellen
oder unten zu lassen.

D'HIMM'LMUATTA

Alle san en d'Christmett'n ganga, bloß da Franz is dahoam und trinkt sei Flasch'n Wein. Er hockt im Wintergart'n am Fensta und schaut afs Vog'lhäus'l auße. Es is a sternklare und kalte Nacht. D'Ams'l mit ihr'n brochan Flüg'l hockt abl no en Häus'l drinn. Wia ra grod wied'a hi'schaut, siehgt a a weiße Frau afs Vog'lhäus'l zuageh. Nanu denkt a se, tra'm i oder sehg i richtig. De schneeweiße Frau mit ihr'n weiß'n Schleier läch'lt aitzt direkt zu eahm ei. De ko mi doch goa net sehng vo do draußt und trotzdem läch'lt's mi o, brumm'lt a weida. Aitzt nimmt's d'Ams'l außa und streich'lt über ihr'n brochan Flüg'l und hockt's wieda ei. Sie läch'lt nomol zum Franz ei und geht lansam fort, bis as nimma sehgt. Glei geht a auße und wia ra zum Häus'l hi'kummt, zuckt a zamm, denn d'Ams'l fliagt fort.

A Wunda, geht's eahm durch'n Kopf, a Wunda is g'schehng. Schnell geht a en d'Stub'm ei, ziagt se warm o und geht no en d'Christmett'n. Wia d'Kircha aus is, san seine Leut überrascht, wias nan sehng, doch sei Frau moant, do muass scho ganz wos b'sonders passiert sa, dass der a'mol en d'Kirch ganga is. Doch er woaß am best'n, dass a wied'a zum Glaub'm z'ruckg'funna hod.

VO'ZEIH'A

Geh Vata,
bi doch wieda guad min Nachbar'n,
heut am heilig'n Abend,
bittsche Vata,
geh ume,
reiß de zamm.
Geh, sei du da g'scheitere,
es is doch so sche,
wenn wieda da Fried'n ei'kehrt,
wenn ma mitanand wieda red'n ko.
Es ist doch des Fest des Friedens,
da Liab,
also, gib dei'm Herz an Rumpla
heut am heilig'n Abend und sog eahm,
dass mit uns um zehne en d'Mett'n fahr'n kenna,
na braucha's z'Fuaß net obehatsch'n.
Bittsche Vata, bittsche,
dann war Fried'n und all's glei wieda schöna.

KURZ VORM HEILIG'N ABEND

Do moanst, es is sche herg'richt,
all's weiß g'macht für'n heilig'n Abend,
doch plötzlich werd'n zehn Grad Wärm
und alles is vo'dorb'm.

Do fang'a d'Palmkatz'l s'Blüahn o,
s'Gras wird wieda grea,
als war aitzt da Somma,
so warm scheint d'Sonn daher.

Do sollst an Christbam hol'n,
ohne Schnee und Eis,
na Kug'ln onehänga,
des macht oan doch koa Freud.

Man müasst des Fest vo'schiab'm,
en Januar, do war's recht,
do dat's na g'scheit schnei'n,
für's Fest war des net schlecht.

Doch mach ma halt so weida,
aitzt wou all's scho vo'dorb'm,
vielleicht draht's all's wieda z'ruck,
wenn heut net, vielleicht morg'n.

WEIHNACHTSGLAUB'M

Man möcht's einfach net glaub'm,
dass am heilig'n Abend Mensch'n gibt,
de nix g'spür'n und nix sehng.
De Mensch'n und Kinda mord'n,
mit Blindheit g'schlog'n san
und doch nix dafür kenna,
weil's so erzog'n word'n san,
ohne G'fühl und Liab mit viel Hass.
Doch plötzlich befreit se s'Volk
aus da Knechtschaft.
Grod heut am heilig'n Abend
is so viel Freiheit und Liab
über d'Mensch'n kumma,
des muass scho a andana so woll'n hab'm,
da Mensch war bloß s'Werkzeug
zua Liab, Ehre und Achtung vo'ananda,
dass d'Freiheit und d'Gerechtigkeit
g'siegt hab'm.
Do sehgt ma's wieda, dass da Glaube
sogar Berge vo'setzt,
vor all'm en da Weihnachtszeit.

WEIHNACHT’ OHNE SCHNEE

A Astl des scho wieda leb’m will
und abl größa wird.
A junga Ig’l af da Fuattasuach,
der d’Würm vom Bod’n außaziagt,
des is heuer da heilig Abend.
S’Gras is grea wia en Somma.
Vogerl san koa an de Fuattahäus’l,
es kummt koa Schnee,
bloß renga, des ko’s an ganz’n Dog.
Es is a net sche, ja fast a Plog.
Heua wird zum heilig’n Abend,
s’Leb’m draußt afg’weckt,
all’s wos a warm’s Nest hod,
hod se abdeckt.
Es fehlt bloß no d’Sonna,
denn d’Wärm war scho do,
all’s is durchananda,
wia no koa Jahr.

DA FRANZL HOLT AN CHRISTBAM

So wia's da Franzl mit seim Vata ausg'macht hod, geht a ganz aloa um an Christbam en Wald auße. Er war ja scho zwoamol dabei, d'rum woaß a scho wia des geht. Wia ra draußt is, suacht a se an schöna Bam aus und macht na a kloane Rast. Doch ka'm hockt a ra biss'l duat, rammt a ums Bäum'l ume scho an Schnee weg. Er schneid't de untan Äst weg und fangt na s'Abschneid'n o. A so a Plogerei, brumm'lt a zu sich, wia ra scho a Zeitlang onewerg'lt und dabei is beim Vata abl so leicht ganga.

Dass da Bam a ganz schön's Stück'l z'grouß is, des merkt a vor lauta Angst goa net. Endlich fallt a um und do ziagt an glei vom Wald af d'Wies auße. Bloß a'mol vom Wald draußt sa, na wird's glei wieda leichta, denn man woaß ja doch net genau, wos do all's daherkumma ko, wenn ma so aloa en Wald is. Nach a kurz'n Rast macht a se mit sein grouß'n Bam am Hoamweg. Doch er kummt net weit, do wird da Bam abl schwara und schwara. So passiert's, dass a vo unt abl wieda a Drum wegschneid't, sodass an wieda da'schlepp'n ko.

Endlich kummt a mit sein Bäum'l hoam, der grod no de richtige Läng hod, weil a ja an viel z'grouß'n Bam abg'schni'n hod.

Wia nan sei Vata sehgt, lobt an recht, weil a ganz aloa so a schön's Bäum'l g'holt hod. Erst en Frühjahr san seim Vata de Bamtrümmer afg'fall'n und do hod a g'wisst, wia's an Franzl beim Bam hol'n ganga hod.

ALL'S GIBT'S

Is da scho a'mol afg'fall'n,
dass Mensch'n gibt,
de da'n überhaupt nix glaub'm,
sie da'n bloß guad ess'n und dringa,
aber af nix vo'trau'n.

Sie gehnga net en d'Kircha,
net a'mol am heilig'n Abend zum Kind,
sie hab'ms damals net dalebt,
d'rum san's a so blind.

Sie glaub'm bloß, wos sehng,
doch des dan's meist'ns net vo'steh,
selber müassat eahna all's passier'n,
vielleicht dat's na leicht'a geh.

Doch wem de Liab net geb'm is,
des G'fühl und des G'spür,
do glaub i, sagt da Herrgott,
der ko nix dafür.

SCHNEE

Heut am Abend
vor Heilig Drei König,
do is es g'schehng,
all's hod's weiß g'macht,
all's is voll Schnee.

Da Christbam vorm Fensta,
steht wia vo'silbert draußt,
d'Liacht'ln de glitzan,
es is scho a Schmaus.

Dabei waht koa Wacherl,
ganz staad stehna d'Bam,
da Christbam in weißer Seide,
es is wia a Tra'm.

So wia aitzt all's g'schmückt is,
des ko koa Mensch do,
sie schmückt se scho selba,
ganz natürlich a so.

OHNE G'SCHENKA

»Nix kaf ma heua, aba scho goa nix a,« sagt d'Bäuerin zu de ihrig'n. »Alle Jahr hab'm ma so viel Glump vo'schenkt, obwohl ma eh all's hab'm. Wenn ebat wos braucht, na soll a se des selba kafa, na ko as probier'n und o'schaung obs eahm g'fallt«. A so is na g'schehng, d'Bäuerin und da Bauer hab'm koa G'schenka am heilig'n Abend. Wias na en d'e guade Stub'm zum g'schmückt'n Bam ei'gehnga, g'fallt's eahna goa net, weil halt goa nix drunnta liegt. Schnell vo'schwind'n de drei Kinda und hol'n de heimlich kaft'n G'schenka vo da Kamma fira. Glei is auspackt und d'Eltern hab'm a morts Freud. Sofort war beim Auspacka d'Neugier do und s'Jahr d'raf san wieda wia eh und je G'schenka kaft word'n. »Naja«, hod da Bauer na g'moant »na kurb'ln ma halt nächst's Jahr d'Wirtschaft wieda o, wenn des a so is«, denn er hod se b'sonders g'freut, weil a wieda a Schacht'l Zigarr'n griagt hod.

S'CHRISTBAMSTEHL'N

»Also Hans, vo'zähl ma a'mol, wia des mit dem Christbamstehl'n is. I ho erfahr'n, ihr habt's im Wirtshaus g'wett, dass alle Jahr zum Christbamstehl'n geht's?«

»Ja, scho Vata,« moant da Hans, »des is a so! Vor zwoa Jahr ho i an Xare en unsan Jungholz beim Bamstehl'n dawischt, obwohl sei Jungholz daneb'm steht. I ho ma als Ausgleich s'Jahr d'raf bei eahm an Bam g'stohl'n. Weil de Stehlerei recht spannend is, hab'm ma ausg'macht, dass ma's beibehalt'n. Wer se natürlich dawisch'n lasst, muass am Stammtisch a Fassl Bier ausgeb'm. Und weil bei uns sowieso alle Jahr bis zu zwanz'g Bam g'stohl'n word'n san, pass'n ma b'sonders af, dass ma's dawisch'n. Do kennas na eahna Fassl Bier zahl'n, wos eahna bestimmt liaba is, als a Anzeig beim Schandarm.« »Naja«, moant aitzt sei Vata, »guad dass es woaß, net dassts mi beim Bamstehl'n a'mol dawischts.«

WEIHNACHTSBRÄUCHE VON FRÜHER

Wenn man sich mit den älteren Bürgern unterhält, so kann man noch viel über das Weihnachtsbrauchtum erfahren. Schon vier Wochen vor dem Heiligabend begann man mit den Vorbereitungen. Die Bäuerin backte den Brotkuchen für die Tiere vom Hof. Sie holte getrocknete und geweihte Kräuterbüschel vom Dachboden oder aus dem Kräutersäckchen und begann auch schon mit dem Plätzchenbacken. Ein Adventskranz wurde aus Tannenzweigen selbst gebunden und so manche Nikolaus- oder Weihnachtsgeschichte bereicherte schon den Abend der Familie bei Kerzenlicht.

Am 4. Dezember, dem Tag der hl. Barbara, schnitt man die Barbarazweige. Dies waren zum Beispiel Kirsch-, Zierkirsch- oder Goldregenzweige, also Frühblüher, welche schon gefroren sein mussten. Heute kann hierfür auch die Gefriertruhe genutzt werden. Man gab die Zweiglein in eine Vase und stellte sie in die warme Stube ans Licht.

Am Heiligen Abend konnte man dann die blühenden Frühlingszweige bewundern. Am Heiligabend wurden dann die noch selbst gebastelten Geschenke verteilt. Jedes Tier vom Hof bekam jetzt etwas vom geweihten Brotkuchen und von den Kräutern zum Fressen. Es sollte die Gesundheit der Tiere erhalten, Unglück fernhalten sowie die Fruchtbarkeit fördern. Auch Haus, Hof und Stall wurden mit Weihrauch ausgeräuchert und mit Weihwasser angespritzt. Es sollte das Unglück und böse Geister vertreiben.

Die Dorfmusiker bestiegen am Heiligen Abend den Kirchturm und spielten herunter. Dies dauerte jedoch nicht lange, denn die Christnacht war eine Heilige Nacht.

Ein weiterer Brauch war, dass die ledigen Mädchen Essensreste in den Hof hinauslegten und von dort, wo ein Hund herbellte, kam der zukünftige Geliebte der Mädchen. Jeder vom Hof bekam auch ein Stamperl Schnaps, damit sie bei der Sommerarbeit von keinem Insekt gestochen werden. Außerdem durfte sich in der Heiligen Nacht kein Rad drehen. Sogar Spinnräder und die Transmission in der Schmiede mussten stillstehen. Wurde dagegen verstoßen, so geschah ein großes Unglück. Es durfte auch nicht mehr gestrickt und geflickt werden, denn man glaubte, dass die Hühner sonst hinten zugenäht werden und sie keine Eier mehr legen können.

War eine Frau in anderen Umständen, so durfte sie das Haus über das Dach hinaus nicht verlassen, sonst würde ein Unglück passieren.

Bis auf die Hofwache gingen dann alle vom Hof in die Christmette. Die Wache musste bei einem Unglück, wie Feuer oder Einbruch Alarm schlagen. Auch der Luzifer hatte am Heiligen Abend noch eine große Bedeutung. Dass er als Unglücksbringer nicht in den Stall ging, stellte man einen Melkschemel (Hocker) vor die Stalltüre, was bedeutete: »Lieber Luzifer, i

bitt di recht sche, dua ma net en mein Stall einegeh«. Um Mitternacht schlich sich dann der Bauer ganz heimlich in den Stall, um zu horchen, was seine Tiere alles erzählen. Er hörte aus dem Gespräch oft was Gutes, aber auch Schlechtes heraus, und manchmal konnte er dadurch ein Unglück verhindern. So geschah es, dass ein Bauer einen Ochsen sagen hörte: »Unsern Bauern müass ma heuer a no af's Grab fahr'n«. Als der Bauer dies hörte, erschrak er sehr und verließ sofort den Stall. Er überlegte, wie er Gevatter Tod ein Schnippchen schlagen könne. Plötzlich hatte er den richtigen Einfall. Er verkaufte seine zwei Ochsen dem Nachbarn, denn so glaubte er, dass er nicht sterben müsse. Doch noch im selben Jahr verstarb der Bauer. Seine anderen Ochsen hatten zur selben Zeit Maul- und Klauenseuche, so dass sie nicht mehr gehen konnten. So musste die Bäuerin die zwei verkauften Ochsen vom Nachbarn leihen, um den verstorbenen Bauern aufs Grab fahren zu können. Denn früher war es so Brauch und Sitte, wenn ein Bauer verstarb, wurde er von seinen Rössern oder Ochsen auf das Grab gefahren.

HEILIG ABEND

Eiskalt is draußt,
g'scheit waht da Wind,
heut am heilig'n Abend,
wou s'Christkindl af d'Welt kimmt.

Grod pfeifa duat's
durch d'Balk'nritz'n,
drinn is so kalt,
fast z'kalt zum Sitz'n.

D'Schneeflock'n waht's,
bis en d'Stub'm,
alle hock'a bei der Kält'n,
um an Ofa rum.

Muatta, schreit da kloa Franzl,
bei dem schlimma Wind
glaub i net,
dass s'Christkindl zu uns kimmt.

Af oamol wird's staad,
koa Lüfterl mehr geht,
da Schnee hod all's
ganz weiß zuadeckt.

Aitzt ko's a kumma,
schreit da Franzl voller Freud,
mei Bet'n hod doch g'holfa,
weils nimma so waht und schneid.

HOFFNUNG HAB'M

A so a Christmett'n,
des is scho a Sach,
es kummt bloß d'raf o,
wos ma draus macht.

Es kummt am Mensch'n o,
ob er wos duat sehng,
ob a an Glaub'm hod,
wos en da Christnacht is g'schehng.

Wenn a Glaub'm do is,
zum Kind'l, zu da Liab,
d'Hoffnung afs Leb'm,
na is net so trüab.

Do bleibt da bloß d'Hoffnung
und da Glaub'm.
Denn all's andane,
duat net viel taug'n.

Mit ihr ko ma's aushalt'n,
denn z'schnell duat all's vo'geh,
wer woaß scho, wenn a a'mol
vor'm Richtatisch muass steh.

A KINDL IS KUMMA

Wenn draußt all's weiß wird,
oder wenn's s'erste Mol schneid,
na druckt's im Herz,
de b'sondane Freud.

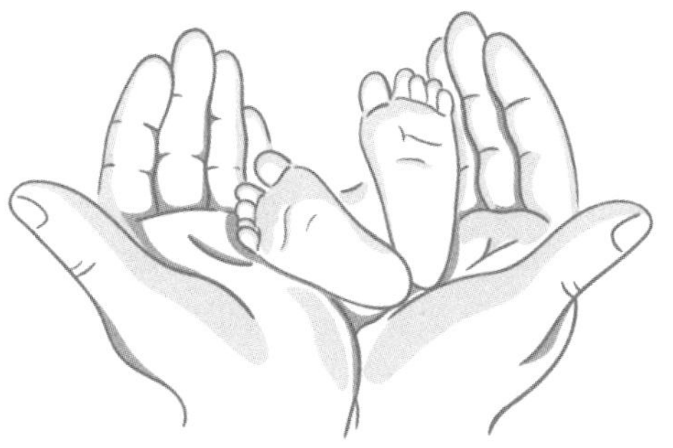

Es g'spürt ebs,
so geheimnisvoll is d'Nacht,
wenn's schneid und so staad is,
irgendwos wird uns bracht.

A Freud druckt uns af oamol,
d'Liab geht überall um,
man g'spürt's im Herz'n,
all's wird so stumm.

A Kind'l is kumma,
es hod uns was geb'm,
uns arma Mensch'n,
des ewige Leb'm.

Man ko goa net gnua danga,
bet'n zu da Muatta, zum Kind,
weil's uns so viel Liab und Hoffnung
alle Dog bringt.

DER FREMDE

Am heilig Abend hocka da Großvata und d'Großmuatta vorm Waldhäusl af da Holzbank und genieß'n den schöna und warma Abend. Da g'schmückte Christbam steht en da kloan Kuchl und de guad'n und selber bach'an Platzl schmeckt ma bis außa. Sie hab'm bloß des allernotwendigste zum Leb'm und san recht glücklich und z'fried'n.

Plötzlich wird die Abendstille durch a Person unterbroch'n, de grod af's Häusl zuakommt. Wia der Fremde bei de zwoa duat is, ziagt der plötzlich a Messer und schreit, »Vaterl, sofort s'Geld her, sonst passiert wos!« Da Großvata dafangt se schnell und schreit no lauter, »Geh in d'Kuchl ei und hol da's, en Tischschublad'n is drinn.« Da Fremde vo'schwind't im Haus und da Großvata packt schnell d'Oma bei da Hand und rennt mit ihr so schnell, wias halt grod geht, ens Dickicht ei. Da Schnaufara geht eahna fast scho aus, wia ra zu ihr brumm'lt, »Muatterl, denk z'ruck, des is fast wia früher, woaßt no, do san ma öfter im Hölzl vo'schwund'n.« Doch d'Großmuatta bringt vor lauter Angst koa Wörtl außa. Sie wart'n no a Weil und nach a halb'n Stund schleich'a sa se wieda vorsichtig zum Häusl z'ruck. Da Tischschublad'n liegt heraust, doch sonst war all's an sein Platz. Wia d'Großmuatta zum Christbam hi'schaut, sehgts, dass alle guad'n und selber bachan Platz'l fehl'n.

»Naja,« moant's, »sonst hod a eh nix g'fund'n, hoffentlich hab'm dem arma Teuf'l wenigstens meine Platz'l g'schmeckt«. Da Opa hod aitzt lacha müass'n, denn ihre Sorg'n möchat er hab'm. Sie hab'm a nia erfahr'n, wer der Fremde war.

S'BAM HOL'N

»Du Muatta, is eba da Vata scho um an Christbam fort?«. »Ja Xaverl, vor a halb'm Stund,« moant sei Muatta.
Schnell macht se da Xaverl a am Weg und suacht im Wald sein Vata. Der hod grod an schöna Bam g'funna, wia a af oamol Schritte hört. Schnell schleicht a fort und geht hoam. Naja, moant a zu sich, na is halt heut nix word'n, wenn da Jaga umanandschleicht, na hol a ma'n halt morg'n af d'Nacht. Da Xaverl find't sein Vata net und geht a wied'a hoam. Wia ra an Vata siehgt, moant a, »Vata, zoag ma an Christbam.« »I ho koan,« moant der, »da Jaga war draußt«. »Naja,« moant da Xaverl, »Vata, na geh ma halt morg'n zu zwoat auße, wenn da Jaga net draußt is.« Er hod glei g'wusst, dass da Vata vor eahm davo is, doch des hod a eahm a net sog'n woll'n.

G’SPÜRST EBS

G’spürts ebs
de Kält’n, des Geheimnisvolle,
de Liab,
wo’s an no grod herkimmt,
des G’fühl,
des G’spür.
Obs wer abared’t
oder aba fühlt,
des druckt so
ens Herz ei
en d’Seel.
D’Aug’n sehng des Weiß,
da Körper g’spürt de Kält’n,
so heimle is all’s,
so staad,
so vom Himm’l,
vo irgendwou her.
Af d’Nacht dämmerts,
beim Mensch’n dämmerts,
er hod a Ahnung,
a G’spür,
all’s is a Geheimnis,
bloß s’G’spür ko’s enträts’ln
und d’Hoffnung wachst,
afs Kind’l,
af d’Rettung,
afs ewige Leb’m.

WEIHNACHTSZEIT

Grod wenn's so hell is
en da Nacht,
wenn da Schnee oder da Raureif
all's so weiß macht.

Wenn da Mond a biss'l durchschaut
auf sein Hof abaleucht,
is all's so heimle,
en da Weihnachtszeit.

Wenn na d'Hoffnung außeschaut,
en des Weite, en des All,
na suacht as Mensch'nherz,
des Kindl im Stall.

Des B'sondane entdecka,
de Liab g'spür'n, de Freud,
vo'gess'n den Rumm'l,
vo'gess'n des Leid.

D'Hoffnung wachs'n lass'n,
an s'Kindl denga heut,
d'Hoamatliab g'spür'n,
aitzt is dafür Zeit.

LICHT

Wia sche de Kerz'n am Bam brenn'a,
sie bring'a en des Dunk'l a Liacht.
I sehgs sogar af andane Bam.
S'Liacht mog des Dunk'l net,
d'rum druckt's es ausanand,
es zoagt uns an Weg,
an recht'n Weg,
es bringt uns d'Liab,
im Liacht wandeln,
lang,
ewig,
weit,
en d'Ewigkeit,
zum Kind'l,
zu seina und unsara Muatta,
ens Liacht geh,
an grod'n Weg,
s'Leb'm lang,
Liacht.

LICHT

I zünd's o,
es wird hell,
es bringt a Wärm,
a boa Zentimeter is d'Flamma,
an halb'n Zentimeter broat,
kloa,
ob'm glimmt da Docht,
na d'Flamma schwarz,
da Docht vo'schwind't im Wachs,
des obetröpflt, rinnt,
kalt wird,
erstarrt.
I lösch aus,
all's is finst'a,
i zünd's o,
na is hell.
D'Kerz'n wird wenga,
all's wird a'mol wenga,
a da Mensch,
s'Liacht für'n Mensch'n,
s'Kind'l als Liacht für'n Mensch'n,
des ewig brennt,
nimma rinnt,
tröpf'lt,
nia mehr vo'geht,
es hod leb'm derfa,
is für uns g'storb'm,
dass mir leb'm derfa,
ewig.

S'TANNAAST'L

Wer schaut's en Somma o,
man schneid'ts ab,
legt's afs Goart'nbeet'l,
schmeißt's af an Haffa zamm,
dass fault,
vo'brennt.
Und wos hod's z'Weihnacht'n
af oamol für a Bedeutung?
Es vo'ziert all's
wird a Adventskranz,
a Christbam,
wird g'schmückt,
bewundat,
wird wertvoll,
voller Liab.
Und wos wird's,
wenn's nimma braucht wird?

D'AUG'N AFMACHA, LIAB'M UND G'SPÜR'N

Mir sollt'n eigentlich alle wieda do hi finna,
wou ma hi'g'hör'n,
uns dafanga und danach leb'm.
Net an irdische Güta bund'n sa,
an Reichtum und Macht,
denn wia schnell is ma krank,
geht fort, oft über d'Nacht.
Doch wos wart na af di,
wennst vorher net glaubt host,
ohne G'spür und Liab g'lebt host,
mit Schuld und Unrecht fort muasst,
vo deine boa Jahr, de da als Mensch
o'vertraut war'n.
Af oamol stellst fest,
du ko'st nix mitnehma,
bis af dei Hoffnung und an Glaub'm,
wennst as no host,
denn sonst duat net a'mol s'Sterb'm wos taug'n.
In Angst fort müass'n, dass ma di vielleicht
doch net braucha ko,
weilst net wia's Kind'l g'lebt host,
des muass doch net sa,
denn am Schluss bleibt abl no
d'Vo'zeihung und da Glaub'm.
Nermad af da Welt ko da so leicht
vo'zeiha wia s'Jesuskind'l aus da Kripp'n,
denn es woaß am best'n,
wia sündhaft as Leb'm do herunt sa ko.

WER SCHO

Du bist en Liacht herin,
im Wohlstand,
en da Wärm,
host all's,
wünscht da all's,
griagst all's.
Aber wos is mit de Andan,
de im Dunk'l leb'm,
nix hab'm,
draußt en da Kält'n san?
Wos is mit de Krank'n,
mit de Alt'n,
Gebrechlich'n,
wer holt's eina,
lasst's mitleb'm,
gibt eahna a Wärm,
wer scho?
Wenn net DU!

EINE CHRISTBAUMGESCHICHTE

A lustige Stammtischrund'n hockt oa Wocha vorm heilig'n Abend en Wirtshaus beinanda. Zu vierta san's und es san alle Waldbesitza. A jeda woaß, dass da Franz s'Bier recht gern mog und so sagt da Xare zu eahm: »Du Franz, du host as meiste Jungholz und de schönst'n Christbam draußt und wennst an jed'n vo uns an Bam schenkst, na halt ma de heut frei.« »Einverstand'n«, sagt da Franz und b'stellt se glei a g'scheite Brotzeit. Er hod a ganz schöne Rechnung zammbracht und wia ra na spät en da Nacht hoamwack'lt, sagt a beim Geh no zu de andan: »Also, am Donnerstag hol i engane Christbam aus meim Wald.« De wenn des Läch'ln af seim G'sicht g'sehng hä'n. Da Franz foahrt mit sein Ochs'n und an Wog'n scho am Mittwoch auße und schneid't jed'n sein Bam en sein Wald ab, denn de schön'a Junghölzer grenz'n alle vier an sein Wald o. Sein Bam schneid't a bei de andan mit o und vo'deckt de Schnittstell'n a so, dass ma's net sehgt. Wia ra na dahoam war, hod a d'Bam sogar no an jed'n hi'g'fahr'n, denn es war eahm des Freihalt'n wert. De wenn wissat'n, dass sogar mei Bam vo eahnan Wald is, na moane, da'ns ma bestimmt koa Halbe mehr zahl'n.

S'KIND'L IS KUMMA

Bitt'sche Himm'lmuatta
denk an mi,
i will a dei Kind'l sa,
so wia i bi.

I mach da a schön's Bäum'l,
mit viel Liacht'ln dro,
sie soll'n zu dir außeleucht'n,
i schmück da's a no.

Bitt'sche schenk ma dei Liab,
leg ma d'Hoffnung ens Herz,
sog's a deim Kind'l,
es vo'steht scho mein Schmerz.

Erlaub mia a zum Bitt'n,
für alle meine Liab'm,
sie soll'n a vo deim Seg'n,
a biss'l ebs griang.

Dei Kind'l is extra kumma,
z'rett'n mei Leb'm,
schenk's bitt'sche alle Mensch'n,
dua koa übersehng.

I sehg's en Kripperl lieg'n,
af Heu und af Strouh,
guad dass abakumma is,
wia bin i bloß frouh.

DA SCHAFKOPF

Am heilig'n Abend sagt da Opa scho en aller Früah zu da Oma: »I geh zum Arban en d'Schupfa ume und will dabei net g'stört werd'n.« »Is scho recht,« moant's wia ra scho außegeht. Af da andan Schupfaseit'n, wou ma vom Haus aus net hi'sehgt, wart scho da Xare, sei Freund. So wia's es ausg'macht hab'm, ziangs a alte Schaufenstapupp'n o und hockas min Bug'l so zum Tisch hi, als tät da Opa fest arban. Na sperr'ns zua und schleicha se schnell en d'Wirtshauskuch'l ume, denn dort wird a g'scheita Schafkopf g'spielt. Wia d'Großmuatta am Mittag schnell a'mol durch's dreckige Schupfafensta einelurt, sehgt's, dass da Opa abl no am Tisch duat hockt. Wos wird an na wied'a bast'ln für seine Enkerl, denkt's a se und geht wieda. Wia's na scho finsta is, kummt da Opa wieda zum Schupfa hi, vo'rammt sei Ebenbild schnell wieda und geht mit seina kaft'n Pupp'nküch untan Arm ens Haus ume. Wia d'Oma d'Pupp'nküch sehgt, hod's a morts Freud und sagt: »Schnell duas en d'Kamma ume, bis s'Christkind'l kummt, dass de Kloa net sehgt.« De wenn wissat, denkt a se, wos i für a Freud beim Bast'ln g'habt ho, na moane …

S'BRIAFERL

Liab's Christkind'l,
i bitt di recht sche,
bring ma an Schlitt'n,
und a biss'l mehr Schnee.

I will a net viel,
aba i dat de halt so gern sehng,
wenn i zum Schlüss'lloch ei'lur,
duat doch nix schlimm's g'schehng.

I brauchat a no an Fliaga,
für mein Vata zum Spiel'n,
denn der vom vorig'n Jahr,
is eahm obeg'fall'n.

Woaßt, wenn a mit mir spielt,
na vo'gisst a d'Zeit,
er duat gern spiel'n
und i ko länger af'bleib'm.

Und bitt'sche Christkind'l,
nimm de Gat'n mit
de ganz vo'steckt
hintan Kast'n steht.

Sonst da't i um nix bitt'n,
als des, wos i g'schrieb'm
und wenn i zum Schlüss'lloch einelur,
sog halt zu da Muatta,
du host mi net g'sehng.

AFG'RAMT

S'Bam o'hänga und schmücka,
des war de Kind'a eahna Freud,
all's war so sche herg'richt,
an Christbam sei Kleid.

Und aitzt wou all's vo'bei is,
san's mit Liab wieda dabei,
sie da'n an Schmuck wieda aba,
en d'Schacht'l glei ei.

All's wird wieda afg'hob'm,
vo'ramt für s'nächste Jahr,
da Bam wieda außeg'stellt,
zum Vog'lhäus'l dazua.

Und d'Kinda vo'gess'n schnell,
wos er aitzt leid't,
scho a Jahr später z'Weihnacht'n,
hab'ms wieda de Freud.

Schnell is de staade Zeit vo'gess'n,
d'Liab zum Kind'l vo'blasst,
s'Frühjahr kummt abl näher
und o'geht wieda d'Hast.

WANDEL

Ka'm is Weihnacht'n vo'bei,
hört ma's scho überall kracha,
s'neue Jahr is glei do,
do ko'st halt nix macha.

Zeit geht so schnell ume,
Silvester is glei do,
wos wird's dann all's bringa,
des neue Jahr.

Mehr Fried'n en Europa,
mehr G'laub'm an des Kind,
oder mehr Liab,
all's geht ja so g'schwind.

Mehr Z'fried'nheit müasst kumma,
mehr Hilfe und G'spür,
d'Mensch'n soll'n se finna,
es lohnt se scho dafür.

D’Freiheit greift um sich,
macht glücklich und bringt mehr Recht,
doch afpass’n muass ma ab’l,
denn z’schnell g’schiehgt a Unrecht.

Es ko net gnua Liab wachs’n,
vo’bind’n d’Mensch’nherz’n,
doch afpass’n muass ma,
sonst werd’n drauß bloß Schmerz’n.

Man ko scho frouh sa,
dass all’s so word’n is,
doch afpass’n des muass ma,
denn z’schnell wos Recht, ma vo’gisst.

NACH WEIHNACHT'N

Abl no is Weihnacht'n,
Zeich'n san no do,
s'Kind'l is lebendig word'n,
wieda für a ganz Jahr.

Ab'l wieda muass ma's de Mensch'n,
ens Herz eineleg'n,
denn sie vo'gess'n so schnell,
vom Kind'l den Seg'n.

Abl no brenna d'Liacht'l,
leucht'n auße ens All,
es zoagt uns des Wunda,
des Kind'l en Stall.

Wia lang no denkt ma dro,
san de Zeich'n no do,
ab'l mehr wird's vo'gess'n,
bis zum nächst'n Jahr.

D'rum muass ma's de Mensch'n,
ab'l wieda sog'n,
ja manche muass ma's sogar,
in's Herz einetrog'n.

AN HEILIG DREI KÖNIG

Es ist noch ein alter Brauch, dass an Heilig Drei König das Weihwasser, Weihrauch, Kreide und Salz geweiht werden. Dem Heilig-Drei-König-Wasser sagt man eine besondere Kraft zu. Es wird damit Haus, Hof und Stall ausgeweiht und besprengt. Kam auf den Hof ein neues Stück Vieh, so wurde es erst mit Heilig-Drei-König-Wasser bespritzt. Ein weibliches Jungrind bekam ein Stück geweihtes Brot, das mit Heilig-Drei-König-Wasser besprengt war. Es sollte Krankheiten fernhalten, Glück bringen und den Viehbestand mit gesunden Tieren mehren. Wenn bei der Ernte die erste Fuhre Getreide in den Hof gefahren wurde, besprengte man diese ebenfalls. Sie sollte beim Dreschen gut geben, wie man noch sagte, also viele Säcke voll Körner bringen und besonders die Gerste eine gute Braugerste sein.

Mit der geweihten Kreide schreibt man heute noch an die Türen von Haus, Wohnung und Stall die Buchstaben C + M + B sowie die Jahreszahl, was bedeutet Caspar, Melchior und Balthasar. Dies sind berühmte Namen und viele wurden früher nach diesen Namen getauft, worauf man sehr stolz war.

DU MUSST KEINE ANGST MEHR HABEN

Jetzt kann ich schreien,
jauchzen, jubilieren,
ein Lichtlein wird mich immer führen,
tragen mein Herz,
mit Freude tränken,
ohne Angst an Liebe denken.

Vergessen ist die Finsternis,
denn das Lichtlein ward geboren,
so kam es auf die Erde heim,
von Gott so auserkoren.

Hoffnung wird mich immer tragen,
ob jung, alt oder krank,
niemals brauch ich jetzt verzagen,
denn Gottessohn auf die Erde kam.

HEILIG DREI KÖNIG

Muatta, schau,
de heilig'n drei König kumma um d'Reib'm,
schau hi, Muatta,
aitzt dan's beim Häus'l duat stehbleib'm.

Hörst as, Muatta,
wia sche dass de sing'a,
des duat bestimmt,
bis en Himm'l afekling'a.

Schau, Muatta,
do is a ganz a schwarza dabei,
und der oane,
der macht beim Sing'a a ganz a schief's Maul.

Siehgst as,
aitzt da'n eahna d'Leut ebs geb'm,
des is für's Singa,
weil's goa so sche g'we'n.

Aitzt gehngas weida,
vo Haus zu Haus,
denn sie trog'n de Botschaft,
vom Kind'l aus.

Sie da'n an Stern vo'künd'n,
und bringa Gab'm g'schwind,
Weihrauch und Myrrhe,
all's für s'kloa Kind.

DA BAM

Heua, sagt d'Bäuerin,
heua mach ma koan Christbam,
denn es is schad dafür,
wenn's abg'schni'n san.

Heua, sagt da Baua,
heua mach ma scho an Bam,
es is net schad,
weil's dafür do san.

Na, sagt d'Bäuerin,
nimm eahm bloß a boa Äst,
na ko a weidaleb'm,
des is as Best.

O'baut, moant da Baua,
ho es extra dafür,
also Bäuerin,
na is a net schad dafür.

Und wos is g'schehng,
am heilig'n Abend,
Äste war'n en da Vas'n,
afg'füllt mit Sand.

Doch für'n Bam war's bloß
a Gnad'nfrist,
denn s'Jahr draf hod's nan
glei dawischt.

DER DUTZEL AUF DEM CHRISTBAUM

Ein schön geschmückter Christbaum steht beim Bauern Hinterhuber in der guten Stube. Der kleine Xaverl ist drei Jahre alt und seine Schwester, das Reserl, zwölf. Sie schimpft immer, weil der Xaverl immer noch den Dutzel hat und so versteckt sie ihn am heiligen Abend auf dem Christbaum. Als die ganze Familie nach dem Essen zum Christbaum in die gute Stube geht, sieht der Xaverl sofort seinen Dutzel auf dem Baum hängen. Schnell packt er diesen an den Ästen, als wäre der Baum schuld, dass sein Dutzel oben hängt und wirft ihn um. Er reißt ihn herunter und steckt ihn in den Mund. Alle waren so überrascht, dass sie erst gar nicht reagierten. Doch dann stellt sein Vater den Baum auf und fragt: »Wie kommt denn dem Xaverl sein Dutzel auf den Christbaum?« Doch niemand weiß es. Das Reserl schmunzelt zwar, doch sie muss sich etwas anderes ausdenken, wie man dem Xaverl vom Dutzel befreien könnte, denn dass ihn das Christkind'l geholt hat, hatte nicht geholfen.

S'BAMSTERB'M

Wennst aitzt an Christbam kafst,
na ko's passier'n,
dass a scho vorm heilig'n Abend,
duat d'Nad'ln vo'lier'n.

Do gibst da ra Müah,
suachst lang umanand,
bist an schöna Bam host,
vom Christbamstand.

Na duast'n sche herricht'n,
en Stända ei'stell'n,
mit Wassa giaß'n,
dass nix duat fehl'n.

Doch plötzlich stellst fest,
man hod de betrog'n,
denn dein Christbam hab'ms scho,
vor an viert'l Jahr abg'schlog'n.

Do sehgst na,
s'Bamsterb'm dahoam,
denn er hod bis zum heilig'n Abend
scho alle Nad'ln vo'lor'n.

A LIACHTL

Do steht a so a schön's Tannabäum'l,
direkt vor meim Fensta am Haus,
i glaub a, es woaß, es kummt Weihnacht'n,
es schaut a so aus.

Es hängt voller Liachtl
und strahlt in d'Nacht.
A da Frost und da Schnee,
hab'm weiß all's scho g'macht.

De Liachtl, de leucht'n,
auße ins All,
vielleicht a zum Kind'l,
vo damals, aus'm Stall.

Es gibt uns Hoffnung,
zum Nachdenga a Zeit,
b'sinnlich soll's sa
und s'Herz voller Freud.

A ZEIT ZUM NACHDENGA

Ob d'Leut heut no in der Lage san,
dass no all's füh'ln und g'spür'n,
oder dan's mit da Zeit,
all's langsam vo'lier'n.

Ob s'G'spür für d'Zeit wieda kummt,
für de staade und b'sinnliche Zeit,
für viel is des all's anderst,
eahna Weg is scho z'weit.

Doch es gibt a no Mensch'n,
do is d'Liab no do,
sie erkenna d'Wahrheit,
zum Kindl alle Jahr.

Sie überleg'n a wos recht is,
wos guad macha kenna,
denn de staade Zeit is dafür do,
nomol all's zu überdenga.

Viel leb'm a no z'fried'n und glücklich,
mit Herz und viel Liab,
vor all'm um andane zu helfa
so is s'Leb'm net so trüab.

G'SPÜR'N MUASS MA'S

Himm'lmuatta
schau aba zu mir,
i brauch de, dei Liab,
na is net so trüab.

I g'spür ebs im Herzerl,
irgendwos g'schiehgt,
de Zeit is voller Geheimnis,
i glaub, es is unsa Glück.

Es is plötzlich a Liacht do,
wenga Dunk'l af da Erd'n,
irgendebs g'schiehgt,
voller Hoffnung duat all's werd'n.

Es soll an Herrgott'n sei Bua sa,
der als Mensch kummt af d'Erd'n,
er wird uns alle rett'n,
denn es soll nix vo'derb'm.

Er wird uns an Weg zoag'n,
d'Hoffnung bringa für's ewig Leb'm,
bloß glaub'm und g'spür'n muass ma's
und a biss'l ebs sehng.

OAN DOG VOR'M HEILIG'N ABEND

Gottseidank wird's aitzt staader,
d'Leut hab'm d'G'schenka scho beinand,
a wahre Ruah kehrt aitzt ei,
oan Dog vor'm heilig'n Abend.

B'sinnlich is da letzte Dog,
ohne Hast und Hetz,
da Bam wird no sche g'schmückt,
des g'schiehgt draußt en Flez.

Es freut se s'Kinderherz,
mit Liab am heilig'n Abend,
doch des Weda macht halt net mit,
denn draußt is recht warm.

So wird des Fest'l umegeh,
en drei Dog is all's vo'bei,
glei is s'neue Jahr do,
wos wird na all's sei.

NIX IS SCHLECHT, BIS AF DES WOS DA MENSCH SCHLECHT MACHT

I woaß net, wia manche Leut umgehnga,
mit eahnam biss'l Leb'm,
wou's doch eh so kurz is,
wou so viel Unglück duat g'schehng.

Daweil kennas nix mitnehma,
sie müass'n alle sterb'm,
statt dass in Liab leb'm dan,
und net mit de Scherb'm.

Wou's eh so viel Angst gibt,
Schreck'n und Brutalität,
Krankheit und Gebrech'n,
wos ma all's sehgt.

Wou's doch bloß oa Hoffnung geb'm ko,
af d'Liab und an Glaub'm,
bessa is doch wia goa nix,
i ko afs Kind'l vo'trau'n.

Man braucht's doch bloß a biss'l o'nehma,
und a kloans biss'l dro glaub'm,
na duats eh zu dir,
vom Himm'l abaschaung.

Und wennst as amol g'spürt host,
de ganze Liab,
na is doch s'Leb'm do herunt,
goa net so trüab.

VOLLER GEHEIMNIS

G’spürts es,
de schöne Zeit,
wia kostbar des is,
wia schnell des umegeht
wia schnell des finsta wird,
düsta, dunk’l, schwarz,
wia ma’s sehgt, de Zeit.
Weiß wia d’Stern,
leucht aitzt da Schnee.
G’spürts aitzt de Liab,
es druckt ebs en di ei,
du suachst, hoffst,
g’spürst ebs b’sonders,
ganz heimle,
wia d’Nacht,
wia am Dog all’s umananda rump’lt
und af d’Nacht all’s staad wird,
bloß da Wind spielt min Schnee,
mit de dürr’n Äst,

mit de Tannabam,
er streich'lt all's,
er pfeift,
waht d'Schneewahna af Berg zamm.
G'spürts d'Wärm en da Stub'm,
sehgts des schöne Liacht'l, des Kerzerl,
es sagt da ebs,
es kündigt ebs o,
des Liacht'l des lebt,
des Kind'l des lebt,
des so heimle, so staad kumma is,
af d'Erd'n zu uns,
mir leb'm,
mir arma Mensch'n,
mit da Hoffnung,
mit dem Kind'l,
mit da Liab.

Wia lang?

S'BÄUM'L

Wos denkt se so a kloans Bäum'l,
wenn's fürs Weihnachtsfest abg'schni'n wird,
ob's recht zittert,
weil's woaß, dass aitzt stirbt.

Ob's grouße Schmerz'n hod,
weil's s'Leb'm herschenkt für s'Leb'm,
ob da Mensch des erkennt,
wos eahm all's duat geb'm.

Ob's wos sogat,
wenn ma s'Bäum'l dat frog'n,
wenn's ebs red'n kannt,
wenn's mim Hack'l wird g'schlog'n.

Bestimmt duat's ebs g'spür'n,
vielleicht a wos sehng,
wenn ma eahna Sprach hörat,
kannt ma damit a red'n.

Doch es is eb'm bloß a Bäum'l,
des für uns do'steht,
mir nehma eahm s'Leb'm,
weil ma nix vo'steht.

HIMML'MUATTA – SOVIEL LIAB

Muatta, dei Kind'l,
wos du für uns Mensch'n do host,
des wird wohl koa Mensch fertigbringa,
du host uns des Kind'l g'schenkt,
so oam und schwach en unsane Aug'n und
doch so göttlich stark.
So viel Liab hod's uns bracht.
Es hod uns an Weg zoagt,
g'sagt, wos guad und schlecht,
uns so viel Hoffnung bracht,
so viel Liacht und Liab.
D'Weihnachtszeit lasst's uns abl wieda
g'spür'n, es gibt uns Kraft
und mir wiss'n, mir san net alloa.
Scho Gedank'n ans Kind'l,
oder a Gebet lasst unsa Herz afleucht'n,
es schenkt uns mehr Guad's als alle Mensch'n
af dera Welt schenga kenna.
D'rum moan i, s'Kind'l is d'Liab und d'Liab
is Gott und wenn Mensch'n na Gott'sliab
hab'm, san's a Kinder Gottes.

ERST D'ÄST UND DANN AN STAMM

Vorig's Jahr hod da Förster an Xaverl beim Christbamstehl'n dawischt und des hod eahm 300 Mark'l kost. Heuer is a wieda unterwegs, doch desmol macht as ganz anderst. Er hod an Sack und a Bamschar dabei und wia a an schöna Bam g'funna hod, schneid't a mit da Bamschar de ganz'n Äst ab und steckts ens Sack'l ei. Wenn nan aitzt da Förster dawischt, na hod a bloß a Reisig für an Vog'lschutz en sein Goart'n dabei und koan Christbam. Nachdem a guad hoamkumma is, geht a glei nomol um an Stamm, der aitzt ohne Äst draußt steht und des wird doch da'laubt sa, dass ma an Stamm ohne Äst als Hacklstiel o'haut. Wia a dort is schneid't an o und macht se mit sein Stecka am Hoamweg. Wia a dahoam is, spitzt a alle Ast'l zua und bohrt mit da Handleier überall, wo d'Äst dro war'n, Löcher en Stamm ei. Na steckt a d'Äst ei und schnell steht a schöna zammbauta Christbam do. A so geht's, sagt a se, es is zwar mehr Arbat, aba do s'Christbamstehl'n so g'fährlich und so teua word'n is, werd i en Zukunft halt zwoamol geh müass'n.

ALL'S ÄNDERT SE AF DERA WELT

S'Reserl vom Einödhof is mit ihrer Muatta oan Dog vorm heilig'n Abend no schnell en d'Stadt zum Eikafa g'fahr'n. Mim Eikafswagl fahr'ns umanand und s'Reserl nimmt all's, wos braucht, vo de Regale. S'Muatterl hod allerdings so ebs no net g'sehng, dass ma do einfach hi'langa derf, wou ma will und all's ens Wagl ei'do derf, doch sie traut se ihr Tochter a net frag'n. Naja, denkt sa se, de wird des Zeug scho net stehl'n. Wias na beim Wurst- und Fleischstand san und s'Reserl de groușe Rog'l voll Fleisch und Wurst einfach ens Wagl ei'legt und dann wegfoahrt, do wird ihr des all's scho z'viel. Vo lautan Nachdenga stehts abl no am Stand dort und schreit plötzlich ihrer Tochter nache: »Resl, do schau dass't herkummst und dei Zeug zahlst, stehl'n derf ma net.« S'Reserl bleibt ganz daschrocka steh, schaut ihr Muatta o und schreit z'ruck! »Muatta, schau, dass't nacha kimmst und kümmert de net um Sach'an, des't sowieso net vo'stehst.« Naja, ganz grantig is na nach'n Reserl mit am g'wiss'n Abstand nacheganga, denn min Stehl'n will sie nix z'do hab'm. Wias na aba sehgt, dass an da Kasse all's nomol am Tisch afeg'legt wird und sogar a Zett'l vo da Fleischrog'l abagriss'n wird, do vo'stehts de moderne Eikaferei erst. »Hätt'st mia a ebs sog'n kenna, wias en da heutig'n Zeit min Eikafa zuageht,« moants aitzt beim Hoamfahr'n im Auto. »S'nächste Mol foahr i wieda mit, bis e des all's g'scheit beherrsch, gell,« moants und freut se scho af de moderne Eikaferei. Doch s'Reserl sagt nix und schmunz'lt bloß dabei.

DA CHRISTBAM

Oan Dog vor'm heilig'n Abend hocka da Wastl und seine Freund im Wirtshaus am Stammtisch beinanda. A morts Gaudi hab'ms, wia da Huaba Sepp zum Wastl sagt: »Du Wastl, kenn ma vo dir heua wieda an Christbam hab'm. Du host doch so schöne Bäum'l.« »Naja,« moant a, »wer braucht'n vo euch wieda an Bam?«. »Mir alle«, moant da Sepp, »sieb'm Bäum'l also«. »Guad moant da Wastl«, »na foahr i glei morg'n auße und hol's euch. S'Bäum'l ko'st für jed'n wieda zwoa Maß wia vorig's Jahr«. Alle war'n damit einverstand'n und am nächst'n Dog foahrt da Wastl mit seim Ochs'ng'spann und an Truhawog'n um Bäum'l en sei Jungholz auße. A Stund hod's etwa dauert, bis a sieb'm schöne Christbam o'g'schni'n g'habt hod. Er hods no zammbund'n und af'n Wog'n afg'lad'n. Glei foahrt a wieda hoam und weil d'Ochs'n an Hoamweg scho vo selber kenna, macht as se am Wog'n ob'm bequem. Nach a halb'n Stund kummas in Dorfnähe und da Wastl schnarcht se oans, denn gestern Nacht is doch recht spät word'n. Wia's Fuhrwerk na an de erst'n Häuser vo'beifoahrt, taucha plötzlich a boa Gestalt'n af und zwoa Minut'n später hod da Wast'l koan Bam mehr ob'm g'habt. Der wird erst wach, wia seine Ochs'n vorm Stall stehbleib'm. Er spannt d'Ochs'n aus und hängt's en Stall zum Fress'n ei. Wia a na mit da Stallarbat fertig is, macht er sich's en da warma Kuch'l bequem. Erst wia am nächst'n Dog seine Freund an Christbam hol'n woll'n, fangt da Wastl s'Überleg'n o, wia des mit dem Bamhol'n war, doch eahm fallt's net ei. »Holts euch engane Bam selber«, sagt a zu eahna, »i ho koa Zeit g'habt.« G'scheit vo'gesslich werd i aitzt scho, moant a zu sich selber, weils eahm goa net ei'fallt, wos lous war. Erst später, wias wieder a'mol en Wirtshaus war'n, hab'ms eahm d'Wahrheit vo'zählt, doch a jeda hod seine zwoa Maß Bier zahlt.

WEIHNACHTEN

Warm is draußt,
da Wind waht en d'Tannabam,
da Schnee is heua
bloß a Tra'm.

D'Kerz'n brenna
im Reg'n und Wind,
der als Sturm
daher heut kimmt.

Und trotzdem is
a festliche Zeit,
denn d'Mensch'n hab'm
a grouße Freud.

All's wird so heimle,
so festlich g'richt,
en Kripperl brennt
für's Kind'l a Licht.

So macht se da Mensch
für's Fest bereit,
vielleicht wird na
a biss'l wenga s'Leid.

Wenn's Kind'l na
für uns gebor'n,
woaß ma,
dass ma net vo'lor'n.

1. ADVENT

Vo unt is d'Kerz'n,
ganz dunk'l, na hell,
na a weich's Wachs,
denn brenna duat's grell.

Da Docht, da weiße,
brennt spitz und wird schwarz,
des Flammerl des kloane,
brennt ohne Rast.

Es bringt a ra Wärm,
für's Zimmer, für's Herz,
denn des Liacht'l, des kloane,
macht a ran Schmerz.

Des Brenna dauert no länger,
denn vier Kerzerl stehna do,
und jed'n Sonntag,
zünd ma dazua oan's o.

Und wenn's na alle vier brenna,
na is a so weit,
a Kindl, a kloans,
macht uns a grouße Freud.

FÜR'N HEILIG'N ABEND

Es war a schlechte Zeit und außa a Händ voll Hutz'lzwetschg'n und dürrte Äpf'lspeit'l habm's nix z'Essn g'habt. D'Muatta mit ihre drei Kinda war ohne Arbat und da Vata is vor zwoa Jahr g'storb'm. Ihre drei Kinda, da Franzl mit zwölf Jahren, da Xaverl mit acht Jahren und s'Everl mit sechs Jahren, hab'm se bei de Bauern s'Notwendigste zammbett'lt. Manchmal hab'ms a ra Breckl Brout oder a Oa griagt. Man hod s'Jahr 1917 g'schrieb'm und da heilig Abend is abl näher kumma. Da kloa Franzl überlegt fieberhaft, wou a endlich a'mol ebs g'scheit's z'Ess'n hergriachat. A Gedanke hod'n koa Ruah mehr lass'n, nämlich, weil da Lehra en da Schul vo'zählt hod, wia a en da schlecht'n Zeit a'mol Rebhend'l g'fanga hod. A so, moant a zu sich selber, kannts geh, des probier i a'mol. Am alt'n Abfallha'fa vorm Dorf holt a se a alt's Ofarohr und vo da alt'n Latern duat a se de runde Glasscheib'm außa, de genau ens Ofarohr ei'passt. Er steckts ens Rohr ei und vo'klemmts a so, dass einigermaß'n fest drinn is. Af d'Nacht, wias scho finsta wird, schleicht a se min Ofaröhrl ens Feld auße, denn dort gibts viel Rebhendl. S'Rohr legt a en tiaf'n Schnee ei, deckt's zua und straht a Händ voll Woaz, de a se beim Dresch'n g'stohl'n hod, ens Ofarohr ei. D'Rebhendl fress'n na ens Rohr ei, weils moana, dass vorn wieda auße kenna, doch do is d'Glasscheib'm und z'ruckgeh kennas net, hod da Lehra g'sagt, weils do abl am Arsch hi'fall'n. Scho am

nächst'n Dog, am heilig'n Abend, schleicht a se wieda auße und siehgt voller Freud, dass drei Rebhendl drinn san. Schnell nimmt a s'Ofarohr untan Arm und schleicht se hoam, dass nan ja koana sehgt. Doch wer soll nan a scho afhalt'n mit so an alt'n Ofarohr, des braucht halt d'Muatta für'n Ofa, denkt a se. Scho kummt a hoam und es hod net lang dauert, war'n de drei Hendl g'rupft und zum Brat'n herg'richt. D'Muatta hod zwar erst recht g'schimpft und g'sagt, dass ma so ebs net do derf, doch beim Ess'n hod da Franzl g'sehng, dass da Muatta a recht schmeckt, wos nan na b'sonders g'freut hod. Wia's na nach'n Ess'n en de guade Stub'm ei san, hod d'Muatta für a jed's a boa selberg'strickte Schafwollsock'n untan Bam firazog'n, de's ganz heimlich af d'Nacht g'strickt hod. Sogar selber bachane Platzl hod's geb'm, denn a Mehl hod's vo da Huababäuerin griagt, wo's abl a biss'l ausg'holfa hod.
D'Kinda hab'm eahna selberbast'lts Kripperl mit Figur'n untan Bam hi'g'stellt, so dass d'Muatta a grouße Freud g'habt hod. Sie hab'm eb'm s'Schenka und s'Feiern no kenna, war'n no z'fried'n und glücklich.

ZUM NACHDENG'A

Liabe Leut,
ihr wart's alle amol kloa,
ihr habt's a Liab im Herz,
es is g'wiss net wia a Stoa.

Aitzt sad's alle herg'reift
wia a Frucht vo de Bam
und wenn's amol geh müasst's,
s'Leb'm is eh bloß a Tra'm.

Solang's no a biss'l geht,
wachst abl no a Liab en enga Herz,
langsam werd's reif,
man g'spürt's a am Schmerz.

Do gibt's a no an Andern,
grod für den dan ma leb'm,
denn ohne seina Gnad und Liab,
dat's uns g'wiss net geb'm.

So freut's euch af des Kind'l,
es schenkt uns s'nächste Leb'm,
denn do af da Erd'n,
muass all's fortgeh'n.

D'rum schenkt's enga Liab her,
so viel wos grad geht,
engane Kinda, de brauchas,
denn ohne Liab is koa Leb'm.

Und aitzt sad's net traurig,
sad's lustig und habt's a Freud,
na geht all's viel leichter,
sogar wenn a Leid.

BLOSS G'SPÜR'N

Ganz heimle und leise
kumm i aitzt zu de Mensch'n,
schleich me en d'Herz'n ei,
wou i derf,
und mach eahna a Freud.

I gib eahna a G'spür
für wos b'sonders,
für s'Kindl, für d'Liab
für'n Glaub'm.

I bring eahna d'Hoffnung,
an Fried'n, an Seg'n,
und mach eahna d'Aug'n af,
dass wied'a ebs sehng.

I hilf eahna, dass ebs g'spür'n,
dass drodenga,
dass a a'mol sterb'm müass'n,
ohne Angst.

I mach eahna d'Aug'n af,
dass Arme sehng, Kranke helfa,
d'Freud wachs'n lass'n
und weidageb'm.
I – des Kind'l
an Weihnacht'n.

KINDERFREUD

Oan Dog vorm ersten Advent siehgt da kloa Loisl an selbag'macht'n Adventskranz am Tisch steh. »Du Großmuatta«, sagt a, »wou san nan na do d'Kerz'n, na hol es.« »Liaba Loisl, Kerz'n ho i leider koa, woaßt, de griagt ma aitzt, en da schlecht'n Zeit ka'm und sie war'n ma a z'teua.« »Is scho recht Großmuatta«, sagt da Loisl und schaut ganz traurig drei. Dass für'n Adventskranz koane Kerz'n hab'm, des will a goa net vo'steh. Am nächst'n Dog is a beim Nachbar'n, beim Franzl ent en da guad'n Stub'm und siehgt an schöna Adventskranz mit vier route Kerz'n. Wia an Franzl sei Muatta grod en d'Stub'm ei'geht, sehgts an Loisl, wia ra de schöna Kerz'n bewundert. »Na Loisl«, moant's, »habts a ran schöna Adventskranz mit Kerz'n«. »Ja scho«, moant a, »aber leider ohne Kerz'n, denn d'Großmuatta hod koa kafa kenna«. »Du Mama«, moant draf da kloa Franzl dazwisch'n, »mir hab'm ma doch vier Kerz'n, geb'm ma halt an Loisl oane davo«. »Schau Franzl«, moant aitzt sei Muatta, »mir hab'm no vier Sonntag und für jed'n is oa Kerz'n obm, drumm müass'ns ebm vier Kerz'n sa.« Wia da Loisl na grod hoamgeh will, sagt's zu eahm. »Du Loisl, i glaub, mir hab'm no alte Kerz'n vo vorig's Jahr, wart amol, i schau schnell nach«. Ka'm war's vo da guad'n Stub'm draußt, kummt's scho mit vier route Kerz'n daher und gibt's an Loisl. »Danksche, Dankschc«, schreit dersell grod no und rennt scho für d'Tür auße. Wia ra dahoam is, steckt as glei am Adventskranz afe und sagt's da Großmuatta. Aitzt hab'm alle zwoa a grouße Freud und immer wenn d'Kerz'n brennt hab'm, hod ma g'sehng, wia an Loisl seine Aug'n vor lauter Freud so richtig g'leucht hab'm.

S'CHRISTKIND'L

Sche herg'richt is am heilig'n Abend beim Moosbauern da Christbam. D'Spitz'n vom Bam leucht wia a Stern und s'Lametta glitzert wia a Engerlkleid. D'Bäuerin, da Bauer und da kloa Franzl hocka en da warma Kuch'l beim Ess'n und wia da kloa Franzl grad en d'Wurst ei'beißt, halt a s'Meil off'n und schaut ganz g'starrat en de guade Stub'm hinte. »Wos is'n Franzl?« moant d'Muatta. »Schmeckt's da eba net?«. »Scho Muatta, aba s'Christkindl sehg i en da Stub'm hint!« Scho springt a af und rennt hinte. En da Tür bleibt a steh und schreit fira: »I ho's g'wisst, dass aitzt do is! Schau Muatta, obm is da Eng'lkopf und unt'n geht des G'wand mit de glitzernd'n Stern ausanand, bloß d'Händ sehg i net und warum's bloß af oan Fuaß steht, des vo'steh i a net!«

»Aba Franzl,« sagt aitzt d'Muatta, wias hikummt. »Du host a ganz schöne Fantasie. Mei Liaba, des is doch koa Christkind'l, des is doch da Christbam, der do steht. Schau doch genau hi, obm is a Englkopf und na wird des glitzernde G'wand mit de leuchtend'n Stern nach unt'n abl breita. D' Händ hod's vo'steckt und es steht halt af oan Fuaß do.«

Da Vata is aitzt dazuakumma und sagt: »Mei liaba Franzl, du host a ganz schöne Fantasie, i siehg do koa Christkindl steh, sondern bloß an Christbam.«

»Obm, des sehgst a, is a Englkopf. S'G'wand glitzert vor lauta Stern und wird nach unt'n abl breit'a, d'Händ sehgt ma net und es steht halt af oan Fuaß, af oan Fuaß, af oan F…! Aitzt kenn a me nimma aus,« sagt a draf, »vielleicht war's doch s'Christkindl.«

S'LUMPATÜRL

Da Franzl hod ans Christkind'l an b'sondern Wunsch und schreibt a Briaferl. I wünsch ma vo dir a Lumpatürl, schreibt a und legt an Briaf afs Fensterbrettl auße. En da Früah war da Briaf weg und scho am Dog d'raf bringt eahm da Postbot d'Antwort vom Christkindl vo'bei. Liaba Franzl, steht drinn, dei Wunsch soll in Erfüllung geh, wenn's Christkindl do war, dann gehst, wennst as Haus vo'lasst, immer zu da Hintertür auße, denn des is as Lumpatürl.

Als a s'erste Mol außegeht, passiert eahm a glei wos lumperts. Hm, moant a, des is tatsächlich a so und alle Dog geht a aitzt zum Lumpatürl auße und seine Lumpereien und Schwierigkeit'n werd'n abl mehr. Eines Tages war sogar da Schandarm bei eahm und seine Freund' und Bekannt'n werd'n abl weng'a. Wia na s'Jahr wieda umegeht schreibt a schnell wieda ans Christkind'l, denn des is sei oanzige Rettung.

Liab's Christkindl, schreibt a, nimm bittsche mei G'schenk »s'Lumpatürl«, wieda z'ruck, es geht a so nimma weida. Scho am nächst'n Dog kummt a Briaf z'ruck en dem steht: Liaba Franzl, s'Lumpatürl gibt's nimma. Glei fragt a se, warum er nia zua Haustür auße fortganga is, sondern abl zur Hintertür. Glei is eahm nix b'sonders mehr passiert. Sei Ansehng is wieda g'stieg'n und Freunde war'n a glei wieda do. Nia mehr so an Wunsch ans Christkind'l, denkt a se, wos so a Christkindl doch all's ko.

ZWOA BOA SCHUAH

Hm, moant da Wastl, des mach i, wia ra grod a so a Idee hod. Glei geht a en d'Schupfa ume und fangt s'Holzschuahschnitz'n o. A boa Holzschuah, bei dene d'Absätz vorn dro san macht a se und wenn a na damit zum Christbamsteh'ln im Schnee ens Dickicht ei'geht, na führt d'Spur außa, weil d'Absätz vorn dro san. A boa Dog später warn d'Schuah fertig und er geht a glei um an Bam. Scho beim Ei'geh ins Dickicht siehgt a, dass sei Spur net ei, sondern außeführt.

Schnell war a Bäuml ausg'suacht und a g'schni'n. Glei macht a se am Hoamweg und schleicht vorsichtig vom Wald afs freie Feld auße. Wia a scho weida weg is, kummt eahm plötzlich a furchtbarer Gedanke.

Wenn beim Ei'geh d'Spur außageht, na geht's doch beim Außageh ei und des derf net sa. Glei laft a ohne Bäuml z'ruck und tatsächlich is des a so »d'Spur führt en Wald ei«, Schnell überlegt a und er kummt zu dem Ergebnis, dass a in Zukunft zum Bamstehl'n a no nomale Schuah braucht, so dass a beim Außageh d'Spur außaführt und niamals en Wald ei. Vo do weg is da Wastl immer mit zwoa boa Schuah zum Christbamstehl'n ganga und es is niamals a Spur en Wald ei- sondern bloß abl außaganga.

S'KRIPPERL

Sche is all's en da Christnacht für d'Mett'n in da Kircha herg'richt. A schön's Holzkripperl mim Jesuskind'l af Strouh und Heu gebettet, steht vor'm Altar, dass ja d'Leut während da Mett'n sche sehng. So vo'lass'n de zwoa Klosterschwestan d'Kircha. Doch glei d'raf gehnga zwoa kloane 5-jährige Deand'l ei und dene g'fallt des Kripperl goa net. Schnell gehngas hoam und hol'n no a boa G'schenka fürs Kind'l und leg'ns zum Kripperl hi. Oane hod a boa Wind'ln, a Trinkflasch'n und an Dutz'l dabei und de andane a Pupp'n, a Puder, a Creme und a Pupp'ng'wand. Sche richt'ns no all's hi und freu'n se, dass an Jesuskind'l ebs g'schenkt hab'm. Wia na af d'Nacht d'Dorfleut en d'Kircha kumma und de viel'n Sach'n lieg'n sehng, denkt se so mancha sein Teil, doch koana sagt a Wört'l.

Wia na de zwoa Maderl mit ihre Eltern einegehnga, do lur'ns ganz neugierig zum Kripperl hi und freu'n se, dass no all's duat is. Wia na da Herr Pfarra seitlich zum Predig'n duat steht und de viel'n Sach'n am Kripperl dablickt, do daschrickt a erst und denkt se, wos is an heua mit unsane Schwestan lous, dass so an Zeug hi'leg'n, doch er erkennt a, dass do viel Liab dahintastecka muass. Wia eahm na nach da Mett'n d'Schwestan sog'n, dass sie damit nix z'doa hab'm, do freut se da Pfarra erst so richtig, dass s'Jesuskindl so reich beschenkt word'n is und koana woaß, wer's war.

IM WINTER

Ganz lar san aitzt d'Felder,
kahl werd'n de meist'n Bam,
kalt is wieda word'n,
all's is wia im Tra'm.

Doch en de Mensch'n,
do kummt langsam d'Freud,
sie kafa scho G'schenka
für de sche Zeit.

Sie überleg'n
und rump'ln umanand,
öfter wird eikaft,
bis all's beinand.

Oan fehlt no a Spielzeug,
an andan a G'wand und Sock'n,
a neu'a Fernseh und a Videorekorder
da'n a no lock'n.

So duat de Vorweihnachtszeit
mit Hast und Hetz umegeh,
ka'm is na d'Weihnachtszeit vo'bei,
duat's scho en Fasching ei'geh.